ふくおか

すてきな旅CAFE

海と、森と、里山のカフェ案内

月刊はかた編集室 著

Mates-Publishing

海カフェ

ふくおか
すてきな旅CAFE ………………… もくじ

海と、森と、里山のカフェ案内

森カフェ

門司港 旅カフェ
BRASS MOJIKO
P122
キッサネコノジ
P102
春日IC
門司IC
Tea Room
ピース堂
P114
若松駅
北九州都市高速
大里IC
鹿児島本線
山陽新幹線
戸畑駅
小倉駅
新門司IC
北九州市
折尾駅
黒崎駅
八幡駅
紫川JCT
城野駅
大谷JCT
北九州都市高速
北九州モノレール
黒崎IC
山陽新幹線
中間駅
小倉東IC
日豊本線
北九州JCT
志井駅
東九州自動車道
苅田北九州空港IC
九州自動車道
鞍手駅
八幡IC
木屋瀬駅
日田彦山線
直方駅
行橋駅
宮若市
筑豊本線
平成筑豊伊田線
採銅所駅
行橋IC
201
小竹駅
田川市
平成筑豊田川線
496
浦田駅
上伊田駅
飯塚駅
田川後藤寺駅
後藤寺線
桂川駅
嘉麻市
日田彦山線

北九州市・
福岡市近郊
MAP
HÔTEL GRÈGES
La Galerie
P90
宗像市
3
鹿児島本線
福津市
BEACH CAFE & STAY
BOCCO VILLA
P106
九州自動車道
カフェ むすび
P52
西鉄新宮駅
THE LUIGANS Spa&Resort
The lounge on the water
P86
宮若市
海の中道線
野鳥カフェ
どんぐりころころ
P68
山陽新幹線
Queen Cook
Cafe
P34
海ノ中道駅
西戸崎駅
RIYAKU.
P26
東浜IC
喫茶 陶花
P24
土井駅
福岡IC
飯塚市
Cafe & bar
Brisa do
P94
THE BEACH
P96
城戸
南蔵院前駅
篠栗線
篠栗駅
楠カフェ
P48
茶房わらび野
P60
千鳥橋JCT
空港通IC
香椎線
糟屋郡
福岡都市高速道路
福岡空港
姪浜駅
筑肥線
西鉄福岡天神駅
博多駅
宇美駅
拾六町IC
福岡市
西月隈IC
九州自動車道
ぎんが倶楽部
P40
野芥IC
福岡
都市高速道路
西鉄大牟田線
V's FORT CAFE
P58
太宰府IC
鹿児島本線
太宰府駅
筑豊本線
IMURI café
P80
九州新幹線
二日市駅
筑紫野市
自家焙煎珈琲
萌香
P30
筑紫野IC

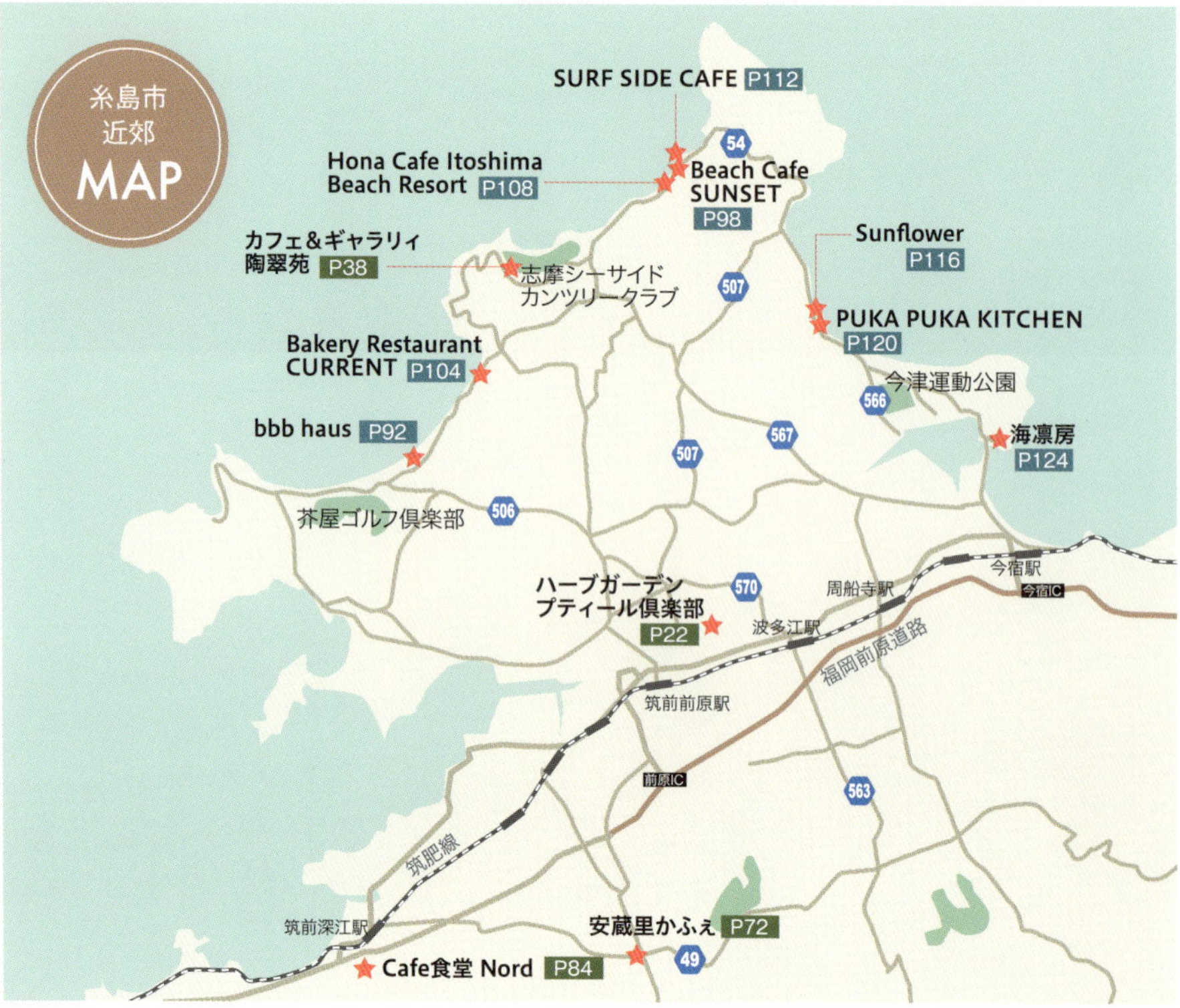

糸島市
近郊
MAP
SURF SIDE CAFE P112
54
Hona Cafe Itoshima
Beach Resort P108
Beach Cafe
SUNSET
P98
カフェ&ギャラリィ
陶翠苑 P38
志摩シーサイド
カンツリークラブ
Sunflower
P116
507
PUKA PUKA KITCHEN
P120
Bakery Restaurant
CURRENT P104
今津運動公園
566
bbb haus P92
567
507
海凜房
P124
芥屋ゴルフ倶楽部
506
今宿駅
今宿IC
ハーブガーデン
プティール倶楽部
P22
570
周船寺駅
波多江駅
福岡前原道路
筑前前原駅
前原IC
563
筑肥線
筑前深江駅
安蔵里かふぇ P72
Cafe食堂 Nord P84
49

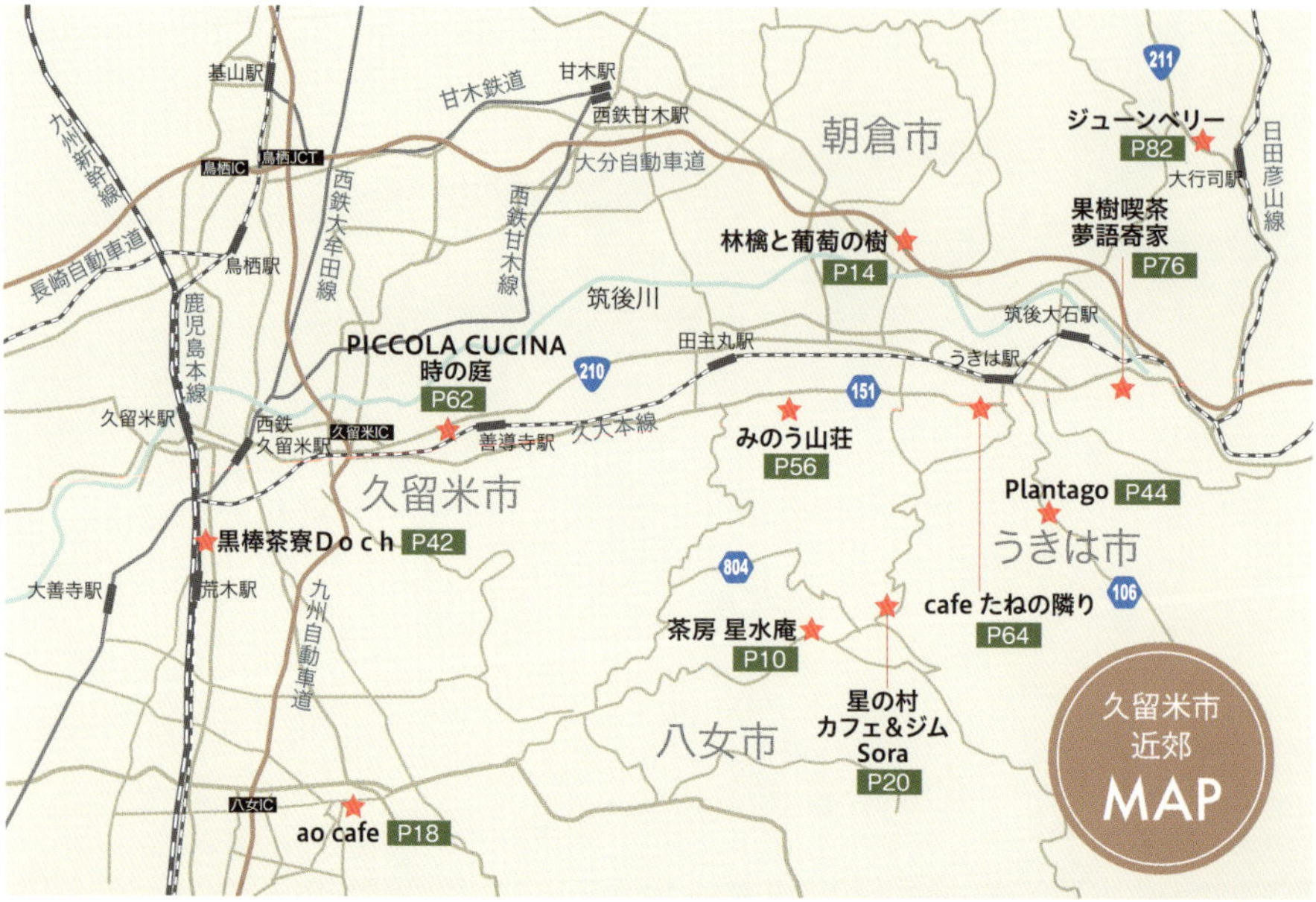

基山駅
甘木駅
甘木鉄道
西鉄甘木駅
211
朝倉市
ジューンベリー
P82
大行司駅
日田彦山線
九州新幹線
鳥栖IC
鳥栖JCT
西鉄大牟田線
大分自動車道
西鉄甘木線
果樹喫茶
夢語寄家
P76
林檎と葡萄の樹
P14
長崎自動車道
鳥栖駅
鹿児島本線
筑後川
筑後大石駅
PICCOLA CUCINA
時の庭
P62
210
田主丸駅
うきは駅
151
久留米駅
西鉄
久留米駅
久留米IC
善導寺駅
久大本線
みのう山荘
P56
久留米市
Plantago P44
黒棒茶寮Doch P42
うきは市
804
106
大善寺駅
荒木駅
九州自動車道
cafe たねの隣り
P64
茶房 星水庵
P10
星の村
カフェ&ジム
Sora
P20
八女市
八女IC
ao cafe P18
久留米市
近郊
MAP

本書の読み方

住 住所:現住所です。
電 電話:ご予約はこちらからどうぞ。
営 営業時間:お店が開いている営業時間です。日祝で異なる場合もありますのでご確認ください。
休 定休日:季節によって異なるお店もあります。
席 席数:おおよその席数です。
払 カード:支払い時にカードが使用できるかを表記しています。
駐 駐車場:駐車場の有無。駐車場があるところは、台数を表記しています。
交 アクセス:左の地図とあわせてご参考ください。

●本書に掲載しているデータは、2019年2月のものです。営業時間、メニュー、価格(追記がなければ税込価格)、周辺地図などは変わる場合がありますので、お店にご確認ください。なお、季節のおすすめメニューはぜひスタッフに質問してみてくださいね。

月刊はかたについて

昭和63年創刊の月刊誌。福岡、博多を愛する方々へおくる、文化情報誌です。文化・歴史・人を編集の三本柱に、精神的に成熟した大人たちに向けて、良質の本物を紹介する誌面作りを目指しています。人気コーナーは、福岡の歴史や文化、お店などを、独自の視点で紹介する毎月の特集ページ。福岡にゆかりのある、著名な執筆陣による連載も好評です。B5変型という持ち歩きしやすい大きさ。名店・老舗で構成された「福岡の名店百選会」のお店、ホテルなどで差し上げています。福岡市内の主要書店での購入も可能(一部380円)。便利な定期購読のお申し込みは編集室まで。

[お問い合わせ]
月刊はかた編集室　〒810-0001 福岡市中央区天神4-1-11-8F
TEL 092-761-6606　FAX 092-761-0974　http://www.a-r-t.co.jp/gekkanhakata/

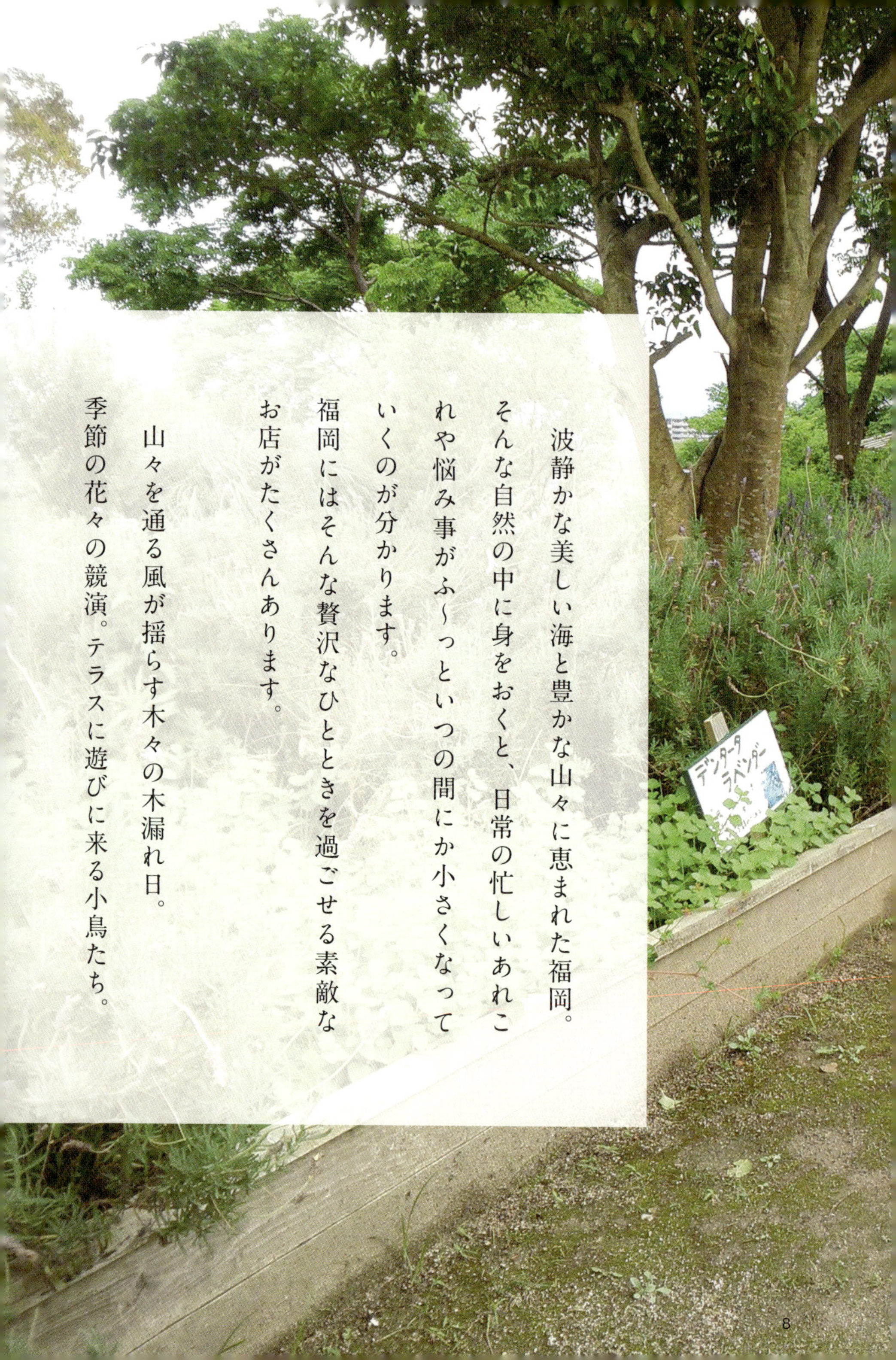

波静かな美しい海と豊かな山々に恵まれた福岡。
そんな自然の中に身をおくと、日常の忙しいあれこれや悩み事がふ〜っといつの間にか小さくなっていくのが分かります。
福岡にはそんな贅沢なひとときを過ごせる素敵なお店がたくさんあります。

山々を通る風が揺らす木々の木漏れ日。
季節の花々の競演。テラスに遊びに来る小鳥たち。

海辺ではカモメたちが楽しそうに舞い、目を閉じると波音と潮の香りが心を穏やかにしてくれます。

今回ご紹介するお店は、子どもやペットと過ごせたり、ハーブにこだわっていたり、音楽やいろんなイベントが楽しめたりとその個性は様々です。季節の移り変わりを楽しみながら、森へ海へ出かけてみませんか？

耳には川のせせらぎを、舌には極上のお茶を

森カフェ
[八女]

空間も味も
本格派!

茶房《サボウ》 星水庵《セイスイアン》

❶春にはサイクルポートもお店前に設置予定。美しい星野村を駆けるサイクリストたちに、一服の楽しみを提供する拠点になりそうだ　❷お店を囲むように流れる川。ちょうどカーブの部分が石壁となっているため、水の流れる音が反響し、美しく聞こえてくる

八女茶・星野茶の製造販売を行う「木屋芳友園」直営のカフェ。さすが製茶のプロが営むだけあり、メニューに使われるお茶の味も本格的だ。「スイーツもほぼ手作りで、できる限り本物にこだわりたいと思っています。せっかくこんな遠くまで来ていただけるんですから、最高の素材でおもてなししたいですね」と話すのは社長の木屋康彦さん。その想いはメニューのみならず、店の随所にも表れている。カウンターは立派な一枚板でまるでホテルのバーのよう。テラスにつながる厚さ8㎜のガラス戸を開けると、川のせせらぎが耳に飛び込んでくる。

「窓を大きく作りたかったんですが、冬の寒さを考えるととても厚いガラスになってしまって。採算度外視です」と社長は笑う。

窓にかかるのは八女すだれ。本物の伝統工芸品だけが持つ美しさを堪能したい。窓の外に広がる緑いっぱいの景色に癒される

お茶の販売店も併設しているので、お土産も一緒にどうぞ

テラス席に座ると水の流れる音が心地よく響いてくる。春には新緑、秋には紅葉が楽しめる

❶イベント時には社長自らカウンターに立ち、野点や効き茶をふるまうことも　❷手作りの白玉団子に餡と黒蜜、そして極上の抹茶と玉露がかけられた、製茶業ならではの贅沢なスイーツ『白玉団子の抹茶かけ（760円）』　❸写真映え間違いなしの『抹茶オレンジ（550円）』は、抹茶の苦みとオレンジの酸味が好相性　❹日本の伝統文化と季節を存分に感じさせてくれる設えが店内外にあふれている。ほっと一息、心を休めたい空間だ

住 八女市星野村 4573-4
電 0943-52-2124
営 11:00～17:00（OS16:30）
休 水曜日、年末年始（12月30日～1月4日）
不定休あり
席 16席　※全席禁煙
払 カードNG
駐 15台
交 九州自動車道八女IC、広川ICより
それぞれ車で40分

おすすめ MENU

- 白玉団子の抹茶かけ　760円
- 抹茶オレンジ　550円
- 玉露と
  小さなお菓子のセット　880円
- 星野抹茶（和三盆付）　550円
- 冷やし抹茶　700円

季節ごとに変わる果物が楽しみ

森カフェ
［朝倉］

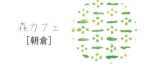

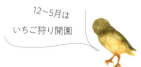

林檎と葡萄の樹《リンゴトブドウノキ》

12～5月は
いちご狩り開園

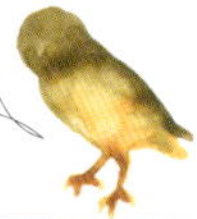

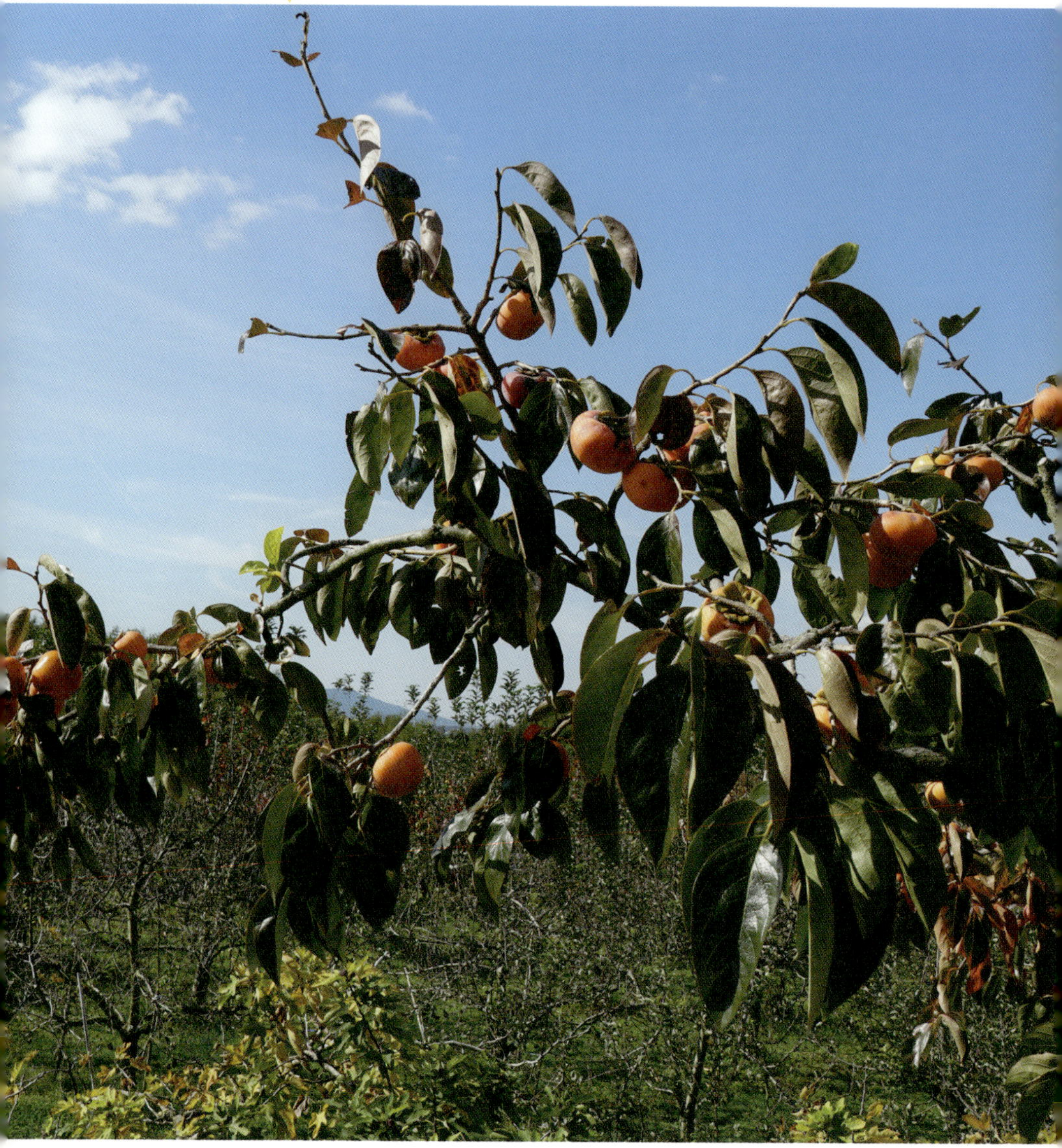

❶自慢のカレーとアップルパイがセットになったメニューは一番人気 ❷写真の『パスタセット』は併設の「りんご庵」のもの

フルーツの里・朝倉で、観光果樹園から大人気カフェへと転身したのがこちらのお店。オープンから四半世紀を経て、いまやアップルパイとカレーの名店として名を馳せている。「年が明けると梅の開花から始まり、桜が咲いたと思ったら暑くなり始め、巨峰やイチジク、シャインマスカットが成ると、柿やリンゴの季節がやってきて…毎年庭の木々や果樹から季節を教えてもらいますね」と話すのは専務の櫻木啓二さん。もともとコーヒーに合うお菓子をという想いでカフェを併設したところ、ふんだんにリンゴを使ったカレーとアップルパイでたちまち話題になった。平日でも県外ナンバーの車が列を成す。「冬から5月までのおすすめはいちご狩り。レジャー感覚で、お越しください」

落ち着いた雰囲気の別室もあるので、大人数のときはこちらを貸し切ってもいいかも

広い敷地内を散歩するだけでも気持ちいい。さまざまな果実がそこかしこに成っているので、カメラ片手に散策したい。この日は売店で柿も売られていた。そのほか自家製のパンやジャムなど、お土産にしたいアイテムも多数販売

季節ごとに表情を変える庭先の、冬の主役は店名にもなっている林檎。「森に包まれている」という表現がぴったりの空間だ

❶駐車場に車を止め、左に行くとこちらのドアが出迎えてくれる。右に行くと売店や「りんご庵」につながる　❷古民家風の設えは、老若男女が落ち着く空間。どこか懐かしさを感じさせる佇まいだ　❸座敷からは果樹園を窓いっぱいに眺められる　❹アップルパイとカレーの店と、ピザやパスタを中心とした店の2店が併設されている。お好みでチョイスしよう。併設のレストラン「りんご庵」のおすすめは『パスタセット』1,500円、『ピザセット』1,700円、『ドリアセット』1,500円［TEL0946-52-3833／40席／10:00～18:00（OS17:30）］　❺広いハウスで楽しめるいちご狩り。高さが2列になっているので、大人は腰をかがめずに上の段を、子どもは手の届く下の段を、と配慮が行き届いている

住 朝倉市山田 758
電 0946-52-0913
営 10:00 ～ 18:00
休 なし
席 50～60席　※全席禁煙
払 カードNG
駐 50台
交 九州自動車道朝倉ICより車で約10分、杷木ICより車で約15分

おすすめ MENU

- りんごカレーセット　1,400円
- ケーキセット　800円

［テイクアウト］

- 季節のケーキorタルト　400円
- アップルパイ　380円

森カフェ
[八女]

緑に囲まれた静かな古民家

ao cafe

アオカフェ

緑側のテーブルは庭を独り占めできる特等席。木々の合間から柔らかい光が差し込んでくる。

4

2

1

5

3

❶カトラリーや食器、アクセサリーなど個性豊かな作品が並ぶ併設の雑貨店 ❷鳥居から入ると道が狭いので、東側から来る場合は一本手前の看板で左折しよう。道の奥、店の裏手に駐車場がある ❸寒い時期にはブランケットを膝にかけて ❹板張りの床とどこか懐かしさを感じさせる設え。各テーブルの間が離れているので、ゆっくりとおしゃべりを楽しめる ❺『星野まっちゃオーレ』(500円)はどの定番スイーツとも相性抜群

もともと芸妓さんの事務所「券番」であった古民家を仕立て直して造られた古民家カフェ。本町商店街の鳥居を潜って歩いてたどり着く、その道からすでに良質な空間への準備が始まっているようだ。福島八幡宮の森のすぐそばに位置し、周りは静寂に包まれている。靴を脱いで上がるともう、そこで時間が止まったかのように寛げるだろう。古民家ならではの風合いが感じられる店内は、大きな窓の外に緑が広がり、板張りの床からはぬくもりが伝わる。八女茶や星野茶を使った地元ならではのメニューも豊富なので、和の空間で和のスイーツを存分に味わおう。併設された雑貨とクラフトの店「Roji猫」では、県内外の作家の作品が並んでいる。

おすすめ MENU

- 星野まっちゃオーレ 500円
- ホワイトチョコのガトーショコラ 450円
- 八女紅茶 450円
- aoの野菜たっぷりヘルシー膳 1,320円
- ao定食 1,230円～

住 八女市本町44-2
電 0943-24-9700
営 11:00～14:00／15:00～17:00
休 火曜日 ※不定休あり
席 22席 ※喫煙NG
払 カードNG
駐 5台
交 九州自動車道八女ICより車で10分

棚田とジムと、カフェと、田舎料理

森カフェ
［八女］

うきは方面からも
意外に近いよ

星の村 カフェ&ジム Sora

ホシノムラ　カフェ&ジム　ソラ

「日本の棚田百選」に選ばれた「広内・上原地区の棚田」を眼前に臨む。店内の窓からは美しい棚田を借景にして、のんびりとした時間を過ごすことができる

❶テラス席からの眺めは最高 ❷とびきりスタイリッシュな外観と内装。この空間のなかであえて「田舎料理」というギャップがいい ❸優しい味わいのお味噌汁や、素朴な漬物など身体が喜ぶメニューが並ぶ。平日は地元の人向けに手軽で飽きの来ないランチを提供し、休日は都会の人向けにとことん田舎にこだわったランチを用意する ❹スイーツ目的の人も多い ❺今後はヨガイベントなど、ジムともコラボしたイベントを計画中

不思議な要素が詰まった店だ。まず店名に「カフェ＆ジム」とあり驚く。「父が町の皆さんとともに健康を目指したいとジムを作ったんです。それで皆さんが集まってくれるなら、カフェもしようかと私が思って」と笑うのは娘の立石由紀子さん。地元の人向けに1回300円で誰でも利用できるジムがメインだったはずなのに、棚田を望む景観にマッチしたスタイリッシュなカフェがたちまち話題となり、週末ともなると県内外から多くの客でにぎわう。「健康を気遣う目的で星野村の野菜を使い、自家製の味噌や漬物を中心にした田舎料理を作っていたら、いつの間にか都会の人が〝物珍しくて〟来てくださるようになって(笑)。土日はぜんまいなど、より田舎料理を意識したメニューにしています」

住 八女市星野村7925-1
電 080-1722-1228
営 11:00～17:00
休 月曜日、火曜日（その他不定休あり）
席 30席　※全席禁煙
払 カードNG
駐 5台
交 九州自動車道八女ICより車で40分

おすすめ MENU

- Soraの田舎ランチ（土日祝日限定）　1,200円
- 棚田ランチ（平日のみ）　750円
- チーズケーキ　350円
- コーヒー　300円
- フルーツミックスジュース　350円

無農薬ハーブガーデンの中にあるカフェ

森カフェ
[糸島]

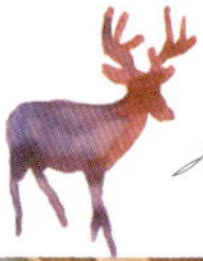

100種のハーブに
癒されて

ハーブガーデン プティール倶楽部

ハーブガーデン　プティールクラブ

ログハウスのような空間でお茶や食事を。大きな窓からはのどかな田園風景が見えて、季節の移ろいを感じさせる

❶100種類ものハーブが栽培されており、一年中見ることが出来る。特に3～5月は種類が多い　❷店内にはハーブティーやオイルなどを販売するショップも　❸スタッフが除草剤を使わず手で草取りをするなど大切に育てられている　❹ランチやディナーからハーブの上手な使い方のヒントを知ろう　❺季節によって替わる『香るデザート盛り合わせ』。ハーブティーと一緒に味わいたい

牧歌的な風景の中に溶け込むように約３００坪の広大なハーブガーデンが広がっている。その中にあるカフェレストラン「プティール倶楽部」では、収穫されたハーブを使ってお茶や料理を提供している。ガーデンに育つハーブは全部で約１００種類。循環型の農法にこだわり農薬は不使用、たい肥や牡蠣殻、ウッドチップなど糸島の山や海から生まれたものを使って栽培を行っている。訪れたら、まず最初にガーデンへ。風が運んでくる香り、葉の手触りなどからハーブの魅力に触れてみよう。ハーブに詳しくないという人もご安心を。メニューには使われるハーブの効果や香りのイメージなどが紹介されているので、珍しい種類のものにもチャレンジしたくなる。

住 糸島市浦志366-2
電 092-331-2220
営 11:00～21:00（OS20:00）
※ランチタイムはOS14:30
※ハーブガーデン入園は10:00～18:00
休 水曜日
席 44席　※全席禁煙
払 カードNG
駐 20台
交 西九州自動車道前原ICより車で約10分

おすすめ MENU

- 糸島ランチ（ハーブティー付）　1,350円
- デザートランチ（デザート・ハーブティ付）　1,800円
- 香るデザート盛り合わせ　550円～
- ハーブティ　380円～

森カフェ
[篠栗]

大きな窓の外に広がる、森と町の絶景

喫茶《キッサ》 陶花《トウカ》

絶品ビーフカレーは
必食だよ

春には桜やあんず、梅など、夏には新緑、秋には紅葉、冬は雪景色…と四季折々の風景を大きな窓から楽しむことができる

❶扉を開いた瞬間に鼻腔に広がる、スパイシーな香り。こだわりぬいて完成したというビーフカレーは、フルーツの甘さとスパイスの香りが素晴らしい相性を発揮し、舌から胃までを一瞬で幸せにしてくれる絶品メニューだ。このカレーを目当てに通う人も多いとか ❷空に突き出すようなデザインの外観は、まるで美術館のよう ❸カフェを通り過ぎてさらに階段を登ると、系列店の「バーガートウカ」「gallery to-ka」がある。バーガー店を作りたいと思っていたオーナーが満を持して2017年11月にオープン。こちらもこだわりぬいたバーガーに、新しいファンが続々と増え続けている ❹観音公園内に位置している。食前食後は少し近隣をお散歩してみては？

ナビを頼りに車を走らせていても、一瞬「ここで合ってる？」と不安になる立地。にも関わらず、この地で15年間もファンを増やし続けるという驚異の人気店だ。斜面にせり出すようなユニークなデザインの建物の先端は全面大きな窓になっており、まるで空から町を見下ろすかのような絶景を望める。「オープン当時はもっときれいに見えてたんですけど、樹々が育って夏になると新緑に遮られるようになりました」とオーナーの村山さん。その景色もまた、素晴らしいだろうと想像できる。ドライブの道中では春は桜並木が、秋は紅葉が楽しめるという。来るまでのワクワク感と、来てからの満足感のどちらも味わえる、大人のための休日にふさわしい一店だ。

住 糟屋郡篠栗町金出3280
（観音公園内）
電 092-948-0213
営 11:00～17:00（OS16:00）
休 不定休
席 20席　※全席禁煙
払 カードNG
駐 2台
交 JR福北ゆたか線篠栗駅より車で5分

おすすめ MENU

- 陶花のビーフカレー　1,100円
- リバーワイルドの豚肉を使用したとんかつ　1,500円
- 牛すじ肉の煮込み　1,100円
- 喫茶陶花の自家製ケーキ　550円
- 抹茶パフェ　650円

森カフェ
[篠栗]

訪れる人の幸せを願う、癒しの空間

開放的な雰囲気で
気持ちがいい!

RIYAKU.

リヤク.

福岡都市圏にありながら三方を山に囲まれ、近年では篠栗九大の森がSNSで話題になるなど、美しい自然に注目が集まる篠栗町。そんな篠栗で生まれ育った店主の高橋絵里奈さんと弟の優さんが、地元の「心と身体を癒す場所」になればとオープンした。古民家を改装し、1階にカフェと物販所を、2階にリラクゼーションサロンと陶芸工房を構えている。

カフェスペースには、カウンター席と畳の座敷席。暖かい季節には窓を全て開け放ち、四季折々に姿を変える鉾立山を眺めながら、自然の心地よい風や音、匂いを全身で感じられるのが何とも心地よい。店名には篠栗四国八十八カ所霊場にちなみ、「訪れた人にすてきなご利益がありますように」という願いが込められている。

開放的な造りがあたたかな雰囲気を生み出している

❶『小倉トースト サラダ&スープセット』800円。香り高い濃厚な小倉あんを使用
❷ふんわりと甘いホイップを添えた『ベイクドチーズケーキ』600円

山や田んぼといった自然の緑に加え、様々な観葉植物の緑も楽しめる

『アイストーストwith抹茶&チョコソース&ナッツ』(600円)には、『抹茶ラテ』(500円)を合わせて。向かいの建物は篠栗小学校萩尾分校で、奥に鉾立山がそびえる

❶2階建ての古民家は大きな窓が印象的　❷座敷席は８名まで利用可能　❸『グリーンカレー　サラダ&スープセット』1,000円。スパイスの効いた辛さをココナッツの風味がマイルドにまとめている　❹素朴な味わいの『だご汁　おにぎり』800円

住 糟屋郡篠栗町萩尾671
電 092-410-7555
営 11:30～17:30(OS17:00)
休 火曜日
席 25席　※全席禁煙
払 カードNG
駐 5台
交 九州自動車道福岡ICより車で約20分

おすすめ MENU

- めんたいチーズトースト　サラダ&スープセット　800円
- マスカルポーネのティラミス　600円
- アイストースト　600円
- 自家製フルーツビネガー　600円
- アイスコーヒー　450円

鳥のさえずりを聴きながら、本格コーヒーを

森カフェ
[筑紫野]

自家焙煎珈琲 萌香

ジカバイセンコーヒー　モカ

❶ずらりと並んだカップコレクションの中から、お気に入りのものを選ぶこともできる ❷人気のケーキセット(900円)。この日はアップルパイだった。甘さ控えめでコーヒーのおともにぴったり

高速道路のインターからわずか1分とは思えないほどの、美しい樹々に囲まれた空間。2003年にオープンしたこちらのお店は、その後コーヒーに特化した専門店としてファンを増やし続けて来た。「開店当時は食事メニューなども出していたのですが、3年目から自家焙煎を始めるとコーヒーが楽しくなってしまって。どんどんと私自身がはまり、すっかりコーヒー専門の喫茶店として定着してしまいました」と笑うのは店主の帆足拓哉さん。週末ともなると高速道路を使って、遠方からも噂を聞きつけたコーヒー好きたちが集まってくる。「苦みや酸味、軽さなどのお好みを聞いて、ぴったり合う味をご提供できたときは嬉しいですね。初めての方はまずはブレンドをどうぞ」

みごとな紅葉の見ごろは11月下旬。窓の外に広がるもみじを眺めながら過ごす贅沢なひとときだ

窓際に座るとコーヒーに庭の緑が映り込む。目でも舌でも、極上の時間を味わわせてくれる

テラス席は喫煙可なので、樹々を眺めながらコーヒーと一服を

4

2

1

5

3

❶「テーブル席から見えるもみじの紅葉と川のせせらぎをお楽しみください。冬にはさまざまな野鳥も見られますよ」と店主の帆足拓哉さん　❷ドリップパック（1個120円／10個セット1,100円）は某雑誌の試飲会のブラインドテストでMVPを獲得した自慢の一品　❸落ち着いた店内は大人っぽい雰囲気が魅力だが、意外にも若い客も多い。「カフェ」に行き慣れた世代が少し背伸びをして訪れたくなる「喫茶店」だ　❹併設の焙煎所で毎日自家焙煎されるコーヒー豆　❺お子さん連れには嬉しい座敷席。靴を脱いでのんびりと過ごせる

住 筑紫野市古賀906-1
電 092-929-3351
営 11:00～19:00
休 火曜日
席 28席　※全席禁煙（テラスのみ喫煙可）
払 カードOK
駐 7台
交 九州自動車道筑紫野ICより車で1分
★テラス席のみペット可

おすすめ MENU

- マイルドブレンドコーヒー　540円
- 本日のストレートコーヒー　570円
- ケーキセット　900円
- クロックムッシュ　590円
- 星野紅茶　570円

遠くまで見渡せる展望台が自慢

森カフェ
［飯塚］

子どもと
一緒に楽しむ

Queen Cook Cafe

クイーンクックカフェ

窓際の席からの眺めは、まるで空中に浮いているよう。夜景が広がる夜は予約制。貸切で美しい景色を堪能することもできる

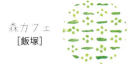

❶店内で飯塚を中心とした地元作家約30名が作った小物などの販売も行われており、2階奥にはギャラリーやシェアスペースがある ❷キッズスペースがあるので子どもも退屈しない

飯塚市を一望できる八木山展望台。敷地内にある民宿だった建物を、代表の相浦裕太さん自らカフェにリノベーションした。営業しながら少しずつ手を加え、現在の姿になるまでに6年を要したという。店内は、ベビーベッドやキッズエリアを設けたファミリースペース、事前予約でペットと食事ができるドッグカフェスペース、2階の展望カフェスペースに分かれており、どちらも週末には予約で埋まってしまう。「飯塚に子ども連れで気軽に行ける店が少なかったことから、自分のカフェは小さな子どもと一緒に安心して訪れることができる場所にしました」と相浦さん。ほとんどの窓から景色を楽しむことができるが、2階の窓際からは特に圧巻の風景が広がっている。

1階のファミリースペース奥はカウンター席。2階よりも木々が近い

2階への階段は素敵なドライフラワーがおしゃれ！

❶見晴らしの良い席は予約するのがおすすめ　❷ドッグカフェスペースの様子　❸東日本大震災の被災者への祈りを込めたモニュメント「しあわせの鐘」。気仙沼の方角を向いている　❹『プレートランチ　八木山バーガー』880円。飯塚の人気パン屋「森ん子」に特注したバンズに、豆腐とレンコンを練りこんだ鶏つくねの照り焼きを挟んだ人気メニュー　❺メイン食材6種とソース11種類の中から好きな組み合わせを選ぶことができる『生パスタランチ』980円。サラダ・スープ・ドリンク付き

住 飯塚市大日寺1574-2
電 0948-25-4888
営 11:00～18:00（18:00以降は予約制）
休 不定休
席 64席　※分煙あり
払 カードNG
駐 50台
交 九州自動車道福岡ICより約17.6㎞、25分

おすすめ MENU

- ランチコース　1,380円、1,480円
- キッズランチ　500円
- フレンチトースト　780円
- 山の珈琲　300円
- 自家製フルーツレモネード　450円

森も海も楽しみたいアナタへ

森カフェ
[糸島]

階段を上って
2階にあるよ

カフェ＆ギャラリィ陶翠苑

カフェアンドギャラリィトウスイエン

「森カフェなのか海カフェなのか、どちらかに決めるのは難しいなあ。どちらもきれいなので迷っちゃいます」と柔和な笑顔で語るのは店主の池戸伸輔さん。店を開こうと場所を探し求めていたところ、たまたま通りかかったこの地と運命的な出会いを果たす。二見ヶ浦を見下ろすことができる彦山の中腹。糸島の豊かな緑も美しい青も堪能できる絶好のロケーションに惹かれ、オープンを決めた。

特製のタレに一晩漬け込んだサバを使った『炙り鯖鮨』をはじめ、梅を練り込みさっぱりとした風味の『梅そば』（季節限定）など、和食をメインに提供。2階建て古民家の2階部分が食事処となっており、1階には全国各地の作家の作品を展示販売するギャラリーを設けている。

❶海も山も見えるが、池戸さんいわく2001年のオープン当初よりも木々が成長し、緑の割合が増えてきたという　❷季節の木々に囲まれ、まるで隠れ家のよう　❸『田舎の昼飯膳』900円。看板メニューの炙り鯖鮨と梅そば（冬季はだご汁）、自家製の胡麻豆腐が付いた人気のセット　❹凍った食感が楽しくボリューム満点の『アイスクレームブリュレ』650円

木のぬくもりを感じられる和風モダンな佇まい。テーブル席のほか、窓に面したカウンター席もあり、景観を存分に満喫できる

住 糸島市志摩野北973-4
電 092-327-3455
営 11:00～17:00
休 月曜日（祝日の場合は営業）
席 24席　※全席禁煙
払 カードNG
駐 6台
交 西九州自動車道今宿IC、前原ICより車で30分

おすすめ MENU

- 炙り鯖鮨（持ち帰り用1本）　1,080円
- 梅そば　650円
- ハヤシライス　650円
- 抹茶セット　750円
- アイスクレームブリュレセット　950円

森の中の手作りカフェ

森カフェ
[宇美町]

ぎんが倶楽部

ギンガクラブ

のんびり
森林浴しよう

三郡山や宝満山の登山起点となる昭和の森。キャンプ場へと続く道の途中に木造のカフェが建っている。建物は建築家でもある店主・江口正夫さんが設計し、テーブルやイスもほとんどを自作した。自家焙煎コーヒーの豆は日替わり。一杯ずつネルドリップで淹れるため時間がかかるが、ふわりと広がる豆の香りを感じながらゆっくり待つのもここでの楽しみの一つ。食事もできるだけ手作りをしたいと、収穫時には自家栽培したニンニクやトマト、レタスを使用、ベーコンやソース、パンもお手製だという。窓からは春の桜、夏の鮮やかな木々、秋のコスモス、冬の雪景色といった四季折々の風景が絵画のように望め、近くに流れる小川のせせらぎや鳥の声も心地よい。

4

2

1

5

3

❶「きれいな水があることからこの場所を選びました」と江口さん ❷夏はかき氷やわらび餅、冬はぜんざいなどの甘味が登場する ❸天井が高く、木の梁が魅力的 ❹テラス席はペット可 ❺『焼りんごパイセット』700円

耳をすませば、鳥や動物たちの声が聞こえてくる。店内では敷地内で収穫した梅で漬けた自家製梅干しを販売中。2、3月は自生した蕗の薹を使用したペペロンチーノなども登場する

住 糟屋郡宇美町宇美1271-38
電 092-933-4469
営 11:30〜19:00
休 木曜日
席 20席　※分煙あり
払 カードNG
駐 数台
交 西鉄バス障子岳バス停より徒歩20分、福岡都市高速大野城ICより約8.5km

おすすめ MENU

- 今日の珈琲
  淡味400円、濃味　500円
- トマトパスタ（サラダ・パン付）　900円
- カルボナーラ（サラダ・パン付）　950円
- マルゲリータ　850円
- じゃがいものピザ（ビアンカ）　950円

木漏れ日の中で楽しむ黒糖スイーツ

森カフェ
[久留米]

黒棒茶寮《クロボウサリョウ》 Doch《ドッホ》

黒糖スイーツは
和でも洋でも

店内は窓の位置にも工夫。木々が一枚の絵画の様に窓枠に収まる

❶『スイーツセット』1,177円。シュークリーム、リーフパイ、クルナンシェ、シャーベットを一皿で　❷『米粉ロールセット』918円。黒糖のゼリーが食感のアクセントになっている❸スペシャルティコーヒーは一人分ずつフレンチプレスで淹れ、常に3種類から選ぶことができる　❹店舗外観。木々を眺めながら店内へ入ろう　❺「ドッホの森」は年に数回、従業員総出で落ち葉清掃などの環境整備活動を行っている

大正9年創業の「クロボー製菓」から誕生した黒糖創作菓子店。敷地内に田主丸から移栽された樹木で造られた「ドッホの森」がある。近所の子どもたちが夏にはセミ取り、秋にはドングリ拾いに訪れたり、近隣住民が遊歩道を散歩する姿が見られたりと、人々の憩いの場としても親しまれている。こちらの茶寮で楽しめるのは、もちろん黒糖を使ったスイーツ。黒糖はカルシウムやカリウム、鉄分など様々なミネラル成分が含有され、健康のために取り入れたいと注目されている素材。あまり馴染みがない若い世代にもっと親しんでもらいたいと黒糖を使用した創作菓子を研究した。メニューには黒糖のコクとうま味を活かしたオリジナルスイーツがずらり。贈り物としてもおすすめ。

住 久留米市荒木町白口字栗の内1290
電 0942-27-3031
営 9:30〜18:00(土日祝は17:00まで)
休 火曜日(第3火曜日は営業)
席 22席　※全席禁煙
払 カードOK
駐 20台
交 九州自動車道久留米ICより車で20分

おすすめ MENU

- スペシャルティコーヒー　648円
- グリーンスムージー　702円
- 抹茶(星野産)　648円
- Dochパフェ　1,004円
- Doch大納言あんみつ　842円

野草とうきはの野菜・果物で素敵なランチを

森カフェ
[うきは]

テラス席のみ
ペットOK

Plantago

プランタゴ

窓の外には棚田や山々を望む風景が広がる。窓側は2組限定なので埋まってしまうことも多い

❶ランチは限定50食。『ベーグルプレート』1,500円。店頭のベーグルから一つ選ぶことができる　❷『おまかせコース』2,400円。野草ピザ（ミニ）、野草フリット、プレート5種（ベーグル付き）、季節のスープ、デザート3種、ドリンク

野草・オオバコを意味する〝Plantago〟を店名に掲げ、オオバコやヨモギ、ユキノシタをはじめとする里山の摘み草や、手掘りされた流川蓮根、「ゆむたファーム」の有精卵などうきはの食材を使用したメニューを提供する一軒家カフェ。野菜やフルーツは50度洗いや低温乾燥、低温蒸しなどの調理法を施して素材のうま味を引き出し、

野草はその日摘んだばかりの新鮮なものを使用している。ほとんどの客が選ぶベーグルにも野菜や野草、果実をたっぷりと使用しており、テイクアウトも可能。店主の深谷清広さんが直接生産者とやり取りをして食材を選ぶため、提供する際には食材の名前のみならず、生産者の思いや人柄まで伝えてくれると、会話を楽しみに訪れる常連客も多い。

ベーグルは毎日10〜15種類作られている

テーブル毎にその日摘んだばかりの季節の草花が生けられ、山のいろどりを感じることができる

❶野草の天ぷらを揚げる前に、その日のラインナップを見せてくれる　❷店内には看板猫がいることも。猫アレルギーがある人は予約時に問い合わせて　❸暖かい季節にはテラス席もおすすめ。テラス下は高さ8メートルの崖になっており、下の清流では蛍が飛び交う姿も見られる　❹春の桜や藤の花をはじめ、季節毎に野草や花を目でも楽しめる　❺看板メニューのベーグルが入口に掲げられている

住 うきは市浮羽町新川4468
電 0943-76-9910
営 11:00〜16:00
休 月〜木曜日
席 12席　※全席禁煙
払 カードNG
駐 6台
交 JRうきは駅から車で10分、合所ダムを過ぎて約5分

おすすめ MENU

- 鍋コース（期間限定、要予約）　3,500円
- 揚げベーグル　500円
- 野草カリー　1,300円
- 葉とらずりんごジュース　500円
- 有機紅茶　400円

古民家で和のティータイムを

森カフェ
［飯塚］

楠カフェ

クスカフェ

八木山峠の麓にある「楠カフェ」。2002年に築60年の日本家屋を一部改装し、大人が楽しめるカフェとしてオープンした。「もともと私の実家だった建物です。欄間やふすまなどは思い出も深く、昔ながらの日本建築をそのまま活かして店舗にしました」と店主の高崎拓也さん。椅子やテーブルなど設えは和モダンな雰囲気で統一し、縁側の席からは手入れが行き届いた日本庭園や田園風景、遠くに臨む山脈を眺めることができる。

　ランチには飯塚をはじめとする九州の野菜に加え自家農園で採れた野菜をたっぷりと使用。季節毎に献立が変わるランチには3つの日替わり小鉢が付くなど品数が多く、いろんなものを少しずつ食べたい客に好評だ。

欄間など昔ながらの日本建築の技術があちらこちらに

❶木造建築の温かみを感じられる店内には、古物や季節の花が飾られ、大正浪漫の雰囲気　❷一角にはギャラリースペースが設けられ、着物や和小物の販売も行っている

縁側は緑いっぱいの特等席。山並みや田園風景など見どころにあふれている

店名になっている大きなクスノキ。脇にある階段の上にカフェの入口がある。階段を上ることが難しい場合は階段を使用しないルートもあるので、気軽に尋ねてみて

2

1

4

5

3

❶飾りのひとつひとつにも注目！　❷古き良き日本家屋の魅力がつまった店内　❸庭では5月のサツキなど色とりどりの花が目に楽しい❹大粒の栗とモチモチの白玉団子がたっぷりと入った『栗ぜんざいせっと』500円。秋冬限定　❺入口にかかる看板もステキ

住 飯塚市大日寺1099
電 0948-22-1315
営 11:00～17:00
休 月曜日
席 22席　※全席禁煙
払 カードNG
駐 12台
交 西鉄バス大日寺バス停より徒歩8分

おすすめ MENU

- 日替わりランチ　1,000円
- 限定ランチ　1,500円
- チーズケーキ　450円
- フルーツフレンチトースト　450円
- 楠カフェオリジナルコーヒー　500円

湧水と地元の野菜で地産地消

森カフェ
[宮若]

バンビに
会えるかも…

カフェ むすび

カフェ ムスビ

カウンターからの犬鳴山の景色は見晴らし抜群。運が良ければシカの親子が姿を見せることもある

❶『ランチプレート』1,100円。ハンバーグのソースや小鉢は日によって異なるので、その日の内容はスタッフに尋ねよう　❷野菜たっぷりのホットサンド『パニーニ』単品550円、ドリンク付き750円

古くは奈良時代から親しまれていたといわれる脇田温泉。そこから車で少し進んだのどかな田園風景の中に一軒のカフェがたたずんでいる。店内に入ると、天井が高く解放感がある空間が広がり、ゆったりとした印象。バリアフリー設計のため、車いすやベビーカーを押したママたちにも優しい。

一番人気の『日替りランチ』をはじめとする食事メニューには宮若市内や自家菜園で作られた野菜をふんだんに使用。ボリュームの満足感も高いため、男性客にも好評だ。外にサイクルラックを備えており、ロードバイクなどで訪れる客も多い。店内でフリーWi-Fiが使用できるのもうれしいポイント。こうした温かいもてなしの心に、幅広い客が魅了されている。

入り口にはテラス席があり、ペットと一緒に過ごすことも可能

コーヒーはサイフォン式。湧水を使用したまろやかな味わいが特徴だ

❶6月には近くの川に蛍が飛び交い、幻想的な風景を作り出す　❷畑や山の風景を眺めながらのんびりとしたい窓際席
❸平日でもすぐに満席になってしまうため、大人数での利用は予約が望ましい　❹双眼鏡で鳥や動物を自由に観察しよう
❺容器を持参して、店舗の外にある湧水スタンドの清水をおみやげにしてもいい

住 宮若市脇田1729-1
電 0949-54-1123
営 11:00〜16:00
休 不定休
席 20席　※全席禁煙
払 カードNG
駐 8台
交 福岡都市高速粕屋ICより車で20分

おすすめ MENU

- カレー　800円
- オムライス　800円
- パスタ　800円
- ソフトクリーム　300円
- ミニソフト　200円
- アイスコーヒー　400円
- ホットコーヒー　450円

地元食材と絶景と天然温泉、全部丸ごと

森カフェ
［久留米］

筑後の恵みを
肌で感じる

みのう山荘

ミノウサンソウ

耳納連山の中腹に位置する天然温泉「みのう山荘」は、筑後平野を眺めながら源泉かけ流しの露天風呂を楽しめる人気スポット。カフェスペースでは、久留米市やうきは市をはじめとする筑後地域で育てられた野菜やフルーツを使用した食事とスイーツを楽しむことができる。うきは産菜種油を使用した手作りマヨネーズや、うきは市の契約農家が育てた蕎麦は店内メニューで使われているのはもちろん、お土産としても販売中。

　平日は温泉と食事を一緒に楽しむことができるお得なセットがおすすめだが、予約をすることができないため、時間にゆとりを持って訪れたい。肥沃な筑後平野の恵みを体全体で楽しみながらのんびりとリフレッシュしよう。

1

2

3

4

❶イチゴや梨など季節によってフルーツが変わるスムージー。写真は秋限定の『柿のスムージー』800円　❷『よくばりプレート』2,100円❸入浴は大人700円、3歳から小学生400円。平日はカフェのメニューと入浴のお得なセット（3,000円～）もある　❹敷地内を歩けばたっぷりの木漏れ日が感じられる

眼下に広がる筑後平野の見晴らしが自慢。料理に使用される食材の多くが作られているのもこの景色のどこかだ

- 住 久留米市田主丸町森部1206
- 電 0943-74-1268
- 営 11:00～21:00、金曜は15:00まで
- 休 木曜日（祝日の場合は営業）
- 席 17席　※禁煙
- 払 カードNG
- 駐 30台
- 交 大分自動車道朝倉ICから約8㎞

おすすめ MENU

- よくばりプレート　2,100円
- 蕎麦の実リゾット　1,500円
- カリカリパンケーキ　1,200円
- うきはん茶ラテ　700円
- ベリー酢カッシュ　700円

古墳の森の木漏れ日に癒される

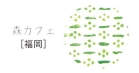

V's FORT CAFE

ヴィーズフォート カフェ

古墳の墳丘は
全長62m、高さ7m

カフェがあるのは国指定史跡・鋤崎古墳のすぐそば。鋤崎古墳は4世紀末に造られた横穴式石室をもつ前方後円墳で、現在は調査を終え古墳の森となっている。店名の「V」は愛犬家であるオーナーがペットの頭文字からつけたもの。愛犬家ならではの視点でドッグスペースを作っており、休日には小型犬から大型犬まで様々な犬が訪れる。犬用メニューに自家製の砂肝ジャーキーが用意されている他、おやつの持ち込みもOK。犬の飼い主同士がここで出会い仲良くなることも多いそう。料理は栄養士と共に素材選びから健康を考えて作られており、大人世代のファンも多い。ホットサンドなどが食べられるモーニング営業があるのもうれしいポイントだ。

❶テラス席はテーブルが2つ ❷カフェのイメージカラーであるオレンジが印象的に使われた店内 ❸ペットの同伴が可能な喫煙ルーム ❹自家製ローストビーフと塩麹ポークステーキの『肉丼』単品1,300円、ランチセット1,500円。ご飯は酵素玄米に変更することができる ❺墳丘の森がすぐ間近に迫っている ❻フラワーアレンジメントやポーセラーツ、犬のしつけ教室など、毎週のようにイベントが開催されている

カフェの窓は森の緑が見えやすいように設計され、青々と生い茂った木々が窓一杯に広がっている

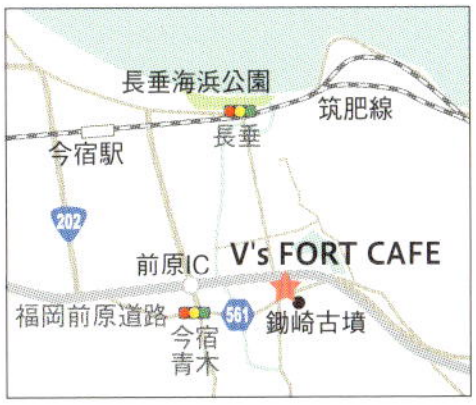

- 住 福岡市西区今宿青木463-2
  ※ナビでは今宿青木1019
- 電 092-980-5475
- 営 平日9:00～18:00、土日祝9:00～21:00
- 休 火曜日、第3月曜日
- 席 45席　※分煙あり
- 払 カードNG（paypayのみ可）
- 駐 約20台
- 交 西鉄バス下青木バス停より徒歩9分

おすすめ MENU

- 週替わりランチ　980円
- 大人様プレート　1,500円
- グリーンスムージー　500円
- バナナフレンチトースト　880円
- ダッチベイビー　750円

天空に浮かぶ癒しの空間

森カフェ
[篠栗]

茶房わらび野

サボウワラビノ

休日のひとときに。
記念日におすすめ

福岡市街地より車で30分ほどにある、若杉山の中腹に位置するこちら。森林セラピーの場所として、国からも認定を受けるほど深い緑の森に囲まれたロケーションは福岡にいることを忘れさせてくれるほど。小高い場所に位置する店内の大きな窓から望む風景は格別で、四季折々に変化する自然の姿に加え、能古島や玄海島など博多湾に浮かぶ島々や天候によっては遠くに壱岐、対馬が見える日もある。自然のパノラマを目の当たりにすることができるいわば天空のカフェと呼ぶにふさわしい場所だ。カフェメニューに加えて、食事のメニューも用意されており、予約をすれば絶景とともにディナーを楽しむこともできる。休日にドライブを兼ねて、また記念日などにも利用して欲しい。

3

2

1

5

4

❶大きな窓には博多湾を望む風景が広がっている ❷春には眼下に見事な桜の木々を見ることができる ❸オリジナルメニューの「冷やし焼き林檎蜂蜜バニラ添え」1,000円は人気のひと品 ❹ティータイムにおすすめの「ダッチカフェオーレ」700円 ❺店内にはグランドピアノが置かれ、不定期に演奏会が開催される

西の空に沈む夕陽を見ながらのひと時は格別の時間。太陽が演出してくれるロマンティックなロケーションを味わってほしい

住 糟屋郡篠栗町若杉20-1
電 092-948-6555
営 10:00～21:00(18:00以降は要予約)
休 不定休(お電話でお尋ねください)
席 90席 ※テラス席のみ喫煙可
払 カードNG
駐 30台
交 福岡都市高速・粕屋インターより車で20分
★テラス席のみペット可

おすすめ MENU

■豆乳もち 黒蜜きな粉かけ　600円
■干し柿とふどうの
　クリームチーズ寄せ　700円
■抹茶ミルク　700円

季節の変化を感じるイタリアン

森カフェ
［久留米］

PICCOLA CUCINA 時の庭

ピッコラ　クチーナ　トキノニワ

地元農家とも
仲良し

茅葺屋根の店舗に続くアプローチ。四季折々の表情を見せる植栽が美しい

❶「美味しい料理が楽しいひと時を作ります。自然体で食事を楽しんでください」と山浦さん　❷ゆったりとした時が流れる優しい店内　❸耳納連山の景色が美しく映える開放的な雰囲気のテラス席。夏は涼しい風が通り抜ける　❹パスタが選べる『時の庭タワーランチ』1,512円　❺ランチのデザート。内容は季節や仕入れによって変わる

植木や苗木、庭、外構工事など花と緑の専門店が集まる「くるめ緑花センター」。２０１８年に地元の食材を使用したイタリアンを楽しめる「時の庭」が誕生した。「イタリアンの調理法はシンプルに食材のうま味を引き出すものが多く、久留米の食材の魅力を感じてもらうにはぴったりの組み合わせだと感じています」とオーナーシェフの山浦博文さん。地場の生産者とも積極的に関わり、野菜だけでなく北野町の牧場から取り寄せる生乳や耳納山系の地下水を使用するなど、徹底して地元の素材にこだわっている。また、久留米市周辺は老舗酒蔵も多いことから、酒粕や発酵食品を料理に取り入れることも多い。「日々変化していく季節の恵みを五感で感じてください」。

住 久留米市善導寺町木塚303-28
くるめ緑花センター内
電 0942-65-5186
営 11:00～17:00（ランチタイム11:30～）
※ディナータイム準備中
休 水曜日
席 40席 ※テラス席のみ喫煙可
払 カードNG
駐 8台
交 西鉄バス緑花センター前バス停より徒歩5分、
九州自動車道久留米ICより車で15分

おすすめ MENU

- コース（要予約）　2,700円～
- 時の庭プレートランチ　1,944円
- 耳納いーとんポークカレー　1,296円
- 自家製旬素材のスカッシュ　540円
- 森山牧場の生乳ジェラート　324円

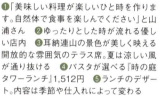

うきはの魅力を一度に楽しめる

cafe たねの隣り

カフェ タネノトナリ

ギャラリーや着物のセレクトショップ、和菓子屋などが集まったうきはの人気スポット「ぶどうのたね」。敷地内のカフェ「たねの隣り」は、平日でも多くの人でにぎわっている。うきはの野菜や厳選した調味料で作ったランチを目当てに訪れる客も多いが、オリジナルスパイスをたっぷりと使用したカレーや敷地内のゼルコバコーヒーで自家焙煎したコーヒーなどもおすすめ。大きな窓からは周囲のぶどう畑や柿畑が広がる景色が楽しめ、食事が終わってものんびり過ごしていきたくなる。気に入ったジャムや調味料、グラノーラなどは、隣にあるショップ「隣りの売店」で購入することも可能。敷地内のショップをいくつかはしごしておみやげ探しをしてもいいかも。

冬のテラス席はこたつが用意され、のんびりと過ごすことができる

❶森の中にはかわいらしい置物が所々に配置されている
❷店内入ってすぐの手水

窓際の席は少し低めに作られており、店の奥からでも外の景色がきれいに見える

寒い日でも薪ストーブのあたたかさが心地よい

❶木の手触りや落ち着いた色合いが、大人の雰囲気を作り出している　❷テラス席からの景色は壮観。紅葉の時期には色とりどりの木々が楽しい　❸平日でも行列ができることも多い。入り口の左手にはセレクトショップ「隣りの売店」がある　❹毎月内容が変わる人気のランチ『隣りのごはん』2,160円。体に優しい食材がたっぷり　❺全粒粉を使用した『パンケーキ』1,134円。自家製アイスや季節のジャムと一緒にいただこう

住 うきは市浮羽町流川428
電 0943-77-6360
営 10:30～17:30
休 無休
席 店内30席、テラス20席
※テラスのみ喫煙可
払 カードNG
駐 50台
交 大分自動車道杷木ICより約8km

おすすめ MENU

- ぜんざい（ドリンク付）　1,134円
- プレートランチ　1,728円
- PANランチ　1,512円

ログハウスで四季の移ろいを感じる

森カフェ
[福岡]

野鳥カフェ どんぐりころころ

ヤチョウカフェ　ドングリコロコロ

BBQパーティなどで
キャンプ気分も

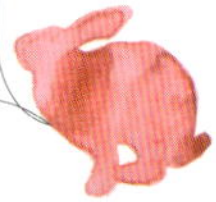

❶店の隣にはピザ窯が並ぶ。どちらもオーナーの黒木さんの手造り　❷『たっぷり野菜と生ハムのピザ』1,200円。ルッコラやベビーリーフなどの野菜やハーブは敷地内の畑で育ったもの

東区の住宅街の一角にあり、木々に隠れたログハウス風の空間が魅力の店。メニューはスペシャルティコーヒーや軽食がメインで、一番人気は手作りのピザ。併設されたレンガのピザ窯で焼き上げられたピザはサクサクとした触感と自家製の野菜の旨味のバランスが絶妙だ。夏の緑、秋の紅葉も美しいが何といっても、店を覆うように植えられた桜が満開を迎える春の絶景はぜひ体験してほしい。木々の枝を渡りながらさえずるウグイスやメジロなど野鳥たちの歌声のＢＧＭが春の景色をさらに美しく演出してくれる。

　カフェ営業のほかにも予約すれば夜の食事会や音楽イベントの会場としても借りることができる。テラス席では毎夏にＢＢＱを楽しむ常連客もいるそうだ。

一枚板のテーブルや切り株の椅子といった木の温かみを感じられる店内には、大きな窓から陽光が射し込む

建物の付近の木々には店名通り、野鳥が多く訪れその声を聴かせてくれる

棟のログハウスはギャラリーとして準備中。冬は薪ストーブに火がくべられ暖かい

❶音楽イベントの開催やテラス席でのBBQなども行っている　❷敷地内ではハーブや野菜などが栽培されている　❸入り口アプローチには木彫りの小鳥のオブジェが　❹ピザ窯やストーブに使用される薪がたくさん蓄えられている　❺夏みかんの林を抜けるとログハウス。貸し切りで食事会を行うこともできる

住 福岡市東区若宮2-40-20
電 092-681-2285
営 12:00～17:00
休 日・月曜日
席 15席　※分煙あり
払 カードNG
駐 6台
交 西鉄バス舞松原バス停より徒歩5分

おすすめ MENU

- ピザマリナーラ　800円
- ピザマルゲリータ　1,200円
- スモークサーモンと玉ねぎのピザ　1,200円
- 珈琲　500円
- 紅茶　500円
- りんごジュース　300円

緑の中の古民家カフェ

木のぬくもりに
心がほっこり

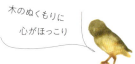

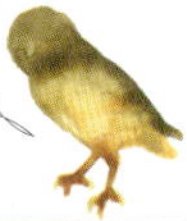

安蔵里かふぇ《アグリカフェ》

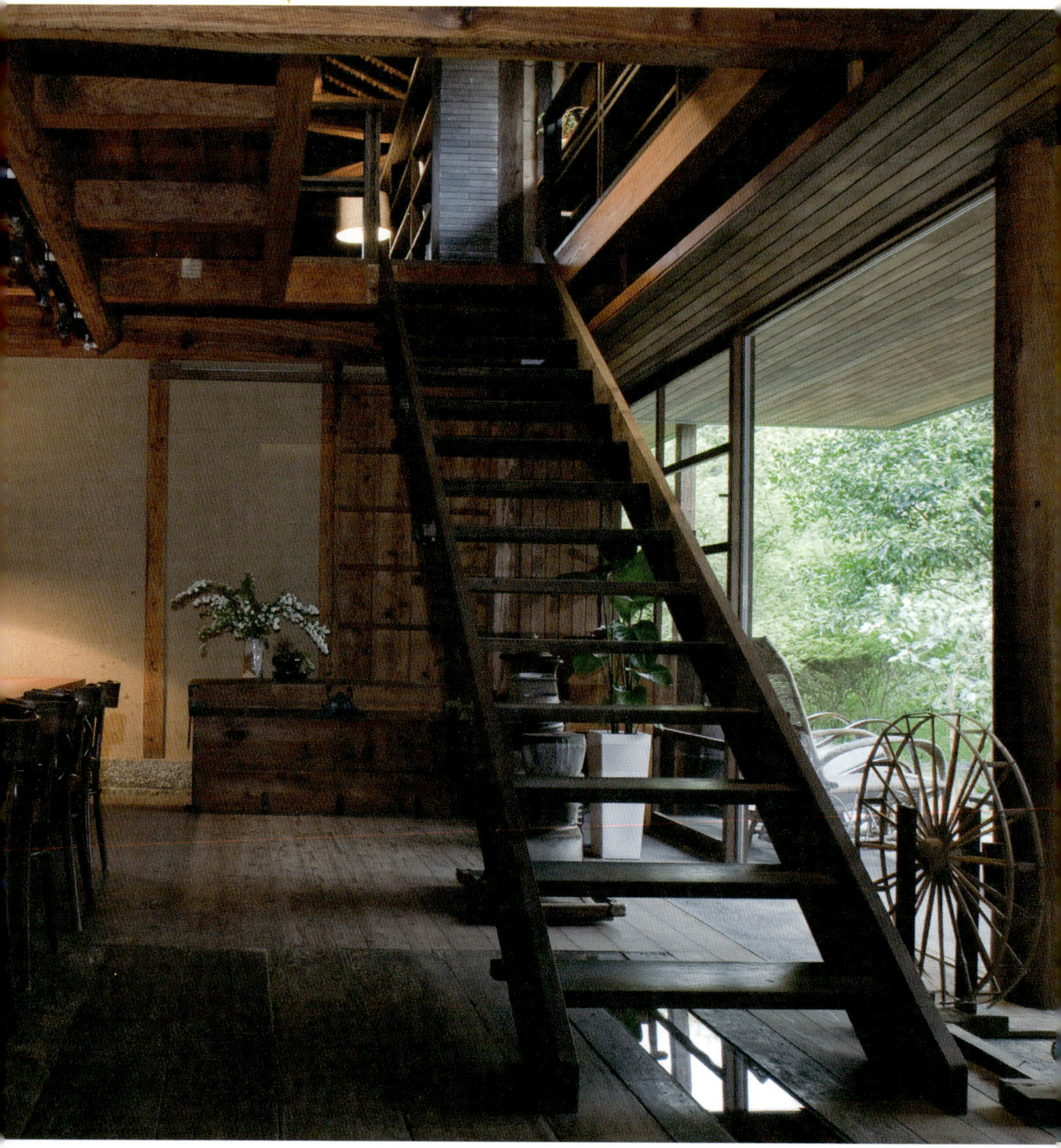

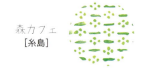

❶糸島で獲れる野菜や果物を使った『季節のケーキ』が人気　❷寒い日には焼きたてお餅の入った『ぜんざい』も登場

木々に守られるように存在する複合施設「伊都安蔵里」。昭和初期に建てられた醤油蔵の大きな建物をリノベーションし、レストランやショップ、そして「安蔵里かふぇ」が設けられている。カフェの建物は元は大豆倉庫だったもの。太い柱や梁は昔のまま、落ち着いた雰囲気に統一されている。一枚板のカウンターテーブルはスペースも広く取られ、一人で訪れてもゆったりとティータイムを楽しむことができる。大きな窓からは陽光が差し込み、周囲の緑が目にまぶしい。木の階段を上がれば、大きな書棚のある書斎のような雰囲気の2階フロア。様々なデザインのソファでくつろぎながらコーヒーを飲んでいると、時間がゆっくりと流れていくのを感じる。

かつて使われていた道具もそのまま味のあるインテリアに。探検気分で2階へ上がってみよう

天気のいい日にはテラス席もおすすめ。風が木々の葉を揺らす音は穏やかなBGMになる

薪を使ったストーブやおくどもあり、非日常の雰囲気を演出してくれる

❶お店の周囲は牧歌的な雰囲気。訪れる季節ごとの景色の変化も楽しみたい　❷現在一部メニューをリニューアル中。糸島産の野菜をたっぷり使ったカレーなどの料理やスイーツが増えていく予定　❸糸島の食文化を通じて様々な魅力を発信。今後はイベントなども定期的に開催されるので、ホームページをチェック　❹糸島市志摩に焙煎工房を構える「ペタニコーヒー」のスペシャルティ豆を使用している

住 糸島市川付882
電 092-322-2222
営 10:00～18:00
休 不定休
席 25席　※全席禁煙
払 カードOK
駐 20台
交 糸島市バス八反田バス停より徒歩2分

おすすめ MENU

- 糸島焙煎珈琲屋 ペタニコーヒー　500円
- 自家製酵素ジュース　600円
- 季節のケーキセット　800円
- ぜんざいセット　800円

果樹園の中で素敵なティータイム

おいしい果物には
きれいな水が命

果樹喫茶《カジュキッサ》　夢語寄家《ムゴヨカ》

約６９００坪の広大な畑に、いちごやブルーベリー、ブドウ、イチジク、梨、柿などがたわわに実り、年間を通して様々なフルーツ狩りを楽しむことができる果樹園「やまんどん」。その敷地内の喫茶「夢語寄家」では、完熟フルーツを使用したケーキや焼きたてパン、湧水を使用したコーヒーなどを楽しむことができる。遠方からフルーツ狩りに訪れた人にゆっくりとしてほしいとカフェをオープンして23年。今ではスイーツを目当てに訪れる客も多く、誕生日ケーキはここでと決めている常連もいる。ケーキだけでなくうきはの野菜をたっぷりと使用した週替りランチや梨カレーなどもファンがおすすめするメニュー。山々と農園だけの雄大な景色を背景に、大地の恵みを頬張ろう。

ウッドデッキからみた外観

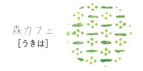

❶パンや焼き菓子は約30種類が季節ごとに登場する　❷季節のフルーツを使用したケーキは常に30種類以上

高台に建っているため農園内を見晴らすことができる。新緑や紅葉、雪景色など訪れるたびに表情が変わるのも楽しみの一つ

入り口は敷地の奥のほうにある

スイーツだけでなく洋食を中心とした食事メニューを目当てに訪れる客も多い

❶14時以降限定『アフタヌーンティーセット』1,500円（税別）　❷大きな窓際のカウンター席からの景色　❸天井が高い山小屋風の店内。季節のイベントごとに飾りつけが変わる　❹食べごろのフルーツをじっくりと煮込んで作る手作りジャムは贈り物にも人気が高い。収穫によってラインナップが少しずつ変わる　❺季節のケーキはバースデーケーキなどにもおすすめ

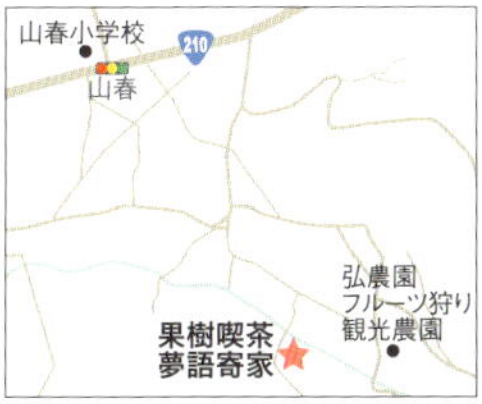

住 うきは市浮羽町山北2212-7
電 0943-77-4174
営 10:00～16:30
休 水曜日
席 35席　※全席禁煙
払 カードOK
駐 30台
交 大分自動車道杷木ICより約7km

おすすめ MENU

- 週替りランチ　1,200円
- 梨カレーセット　1,000円
- ビーフシチューセット　1,300円
- 湧水コーヒー　450円
- 季節の
  フルーツサンドセット　760円

※価格は全て税別

都会の中の隠れ家カフェ

森カフェ
[福岡]

選べるケーキに
迷っちゃう!

IMURI café

イムリカフェ

天気のいい日はテラス席で
ティータイムを。都心部なのに
緑豊かな落ち着いた雰囲気

❶カフェ＆ランチの時間帯はお子様連れも歓迎 ❷昼と夜でIMURIの表情は大きく変わる ❸隣接する西洋菓子工房IMURIでお土産を購入する人も多い ❹和モダンな設えが大人の雰囲気を演出する ❺旬の素材を使ったケーキが登場し、いつ訪れても新鮮な感動がある ❻石畳のアプローチを通ってお店へと向かう

福岡市街の夜景を一望できるロケーションが魅力の人気店「日本の料理屋ＩＭＵＲＩ」。日中は、隣接する「西洋菓子工房ＩＭＵＲＩ」のスイーツを味わえるカフェ＆ランチの営業を行っている。緑のアプローチを抜けて店内へ。陽光が差し込む店内は、夜とはまた違った雰囲気。天気のいい日はテラス席でのティータイムがおすすめだ。『日替わりランチコース』は平日限定の１、８００円と、魚料理と肉料理の両方を楽しめる２、５００円。どちらもデザートは季節のケーキをチョイスできる。カフェタイムは、好きなケーキとドリンクがセットになった『プティガトーセット』が人気。ケーキがプレートで運ばれてくるのでどれにしようか迷ってしまうが、それもまた楽しい。

おすすめ MENU

- 日替わりランチコース（肉or魚） 1,800円 ※平日限定
- 日替わりランチコース（肉＋魚） 2,500円
- プティガトーセット 700円
- カフェラテ 450円
- フレーバーティー 400円

住 福岡市中央区谷1-3-15
電 092-762-7070
営 11:30～15:00、17:30～24:00
※ランチメニューはOS14:00
休 月曜日
※貸し切りの日はランチ・カフェ共に休業／夜は無休
席 70席 ※全席禁煙
払 カードOK
駐 9台
交 地下鉄桜坂駅より徒歩5分

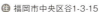

カントリーハウスで感じる里山の空気

森カフェ
［東峰村］

ジューンベリー

ジューンベリー

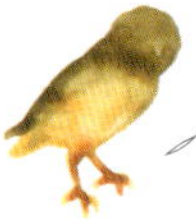

鳥のさえずりが
季節で変わる

筑後川に繋がる川や急峻とした山々、小石原盆地などからなる東峰村。木をふんだんに使用したカントリー調の建物が特徴的なカフェ「ジューンベリー」は、オープンから17年を迎える。メニュー数は多くはなく、その日に作れるものだけ。華美な盛り付けはせずとも、手作りの料理やスイーツを小石原焼や高取焼の器に盛り付ければ、それだけでごちそうが完成する。庭のハーブや草花を摘み、店内に飾ったり料理に使用したりすることも多い。カフェの周辺には生命力あふれる自然が織りなす景色が広がり、春のウグイスなど様々な鳥の声や風が奏でる葉音などをＢＧＭに、田舎ののんびりとした雰囲気を感じたい。

❶大きな窓際のソファ席は特等席。夏は窓を開け放すと山からのさわやかな風が吹く ❷明るいテラス席にはハンモックがかかり、揺られながら眠ってしまう人もいるそう ❸飼われている6匹の猫はそれぞれに性格が違い、猫に会うために訪れる客も ❹『手作りケーキ』400円はその日によってラインナップが変わる ❺サクサクとした食感が楽しい『ベリーベリーワッフル』1枚650円、2枚800円

外には里山の自然豊かな景色が広がり、季節の花や紅葉などを眺めながら店舗へ向かおう。店舗の奥には犬が駆けて遊べる庭が広がっている

住 朝倉郡東峰村小石原鼓3964-1
電 0946-72-2566
営 11:00〜17:00
休 火曜日〜木曜日
席 店内16席、テラス6席 ※店内禁煙(テラスはOK)
払 カードNG
駐 10台
交 大分自動車道杷木ICより車で約15分

おすすめ MENU

- ブレンドコーヒー　500円
- 紅茶（2種）　500円
- カプチーノ　550円
- キャラメルマキアート　600円
- チョコバナナワッフル
  1枚 650円、2枚 800円

空の色と一体になるブルー

森カフェ
[糸島]

"レトロ可愛い"が
いっぱい

Cafe食堂 Nord《カフェショクドウ ノール》

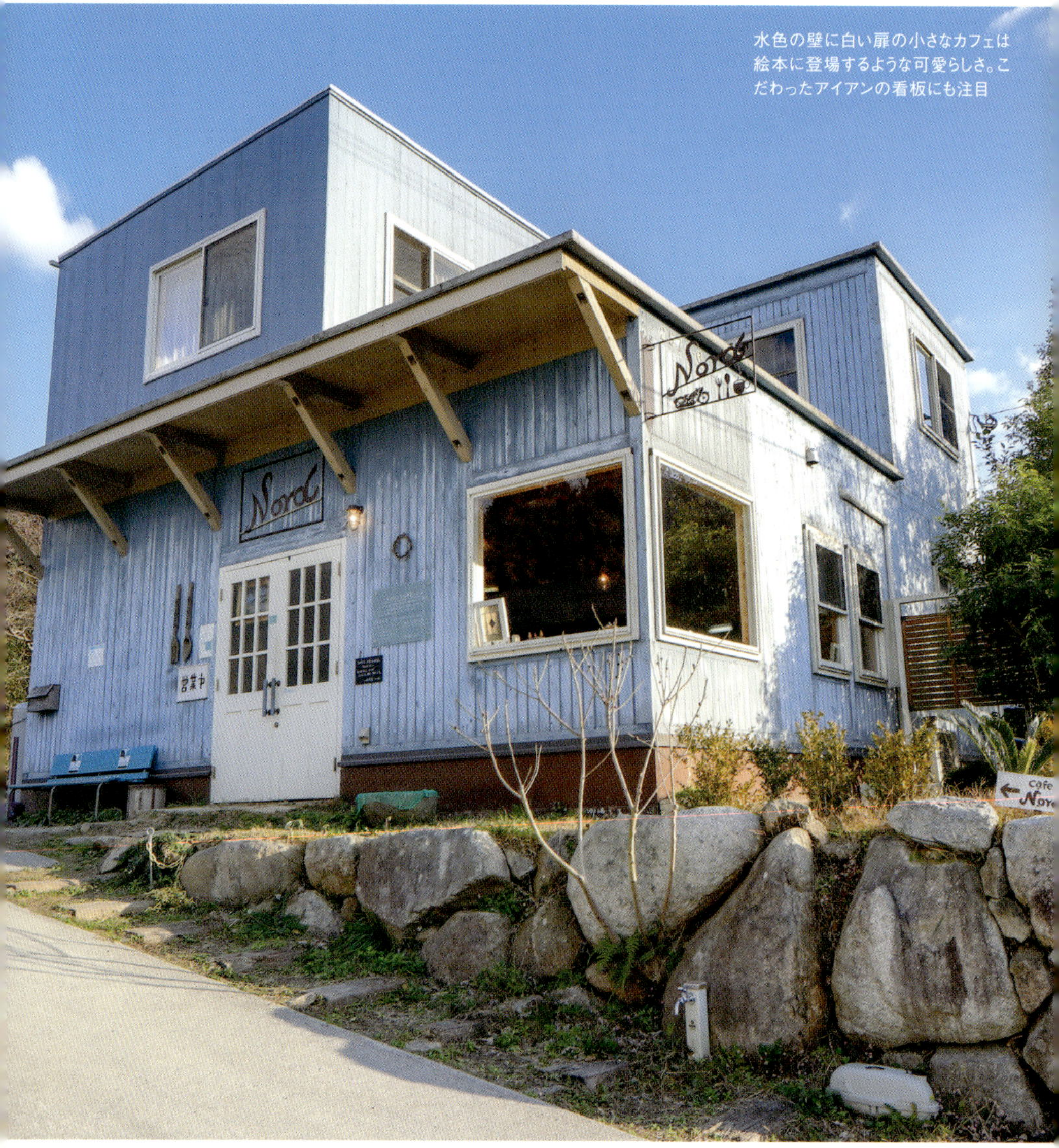

水色の壁に白い扉の小さなカフェは絵本に登場するような可愛らしさ。こだわったアイアンの看板にも注目

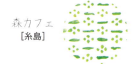

1

❶ノールのカレーは3種類。豚軟骨・チキン・ソーセージ。どれも黒崎さんの丁寧な姿勢が伝わる味わい　❷寒い日に活躍してくれる石油ストーブ　❸レトロアイテムに「うちにもこういうのあった！」と大人もはしゃいでしまいそう　❹窓からは店に続く道が見える。ツリーハウスから見下ろしているような気分　❺パンも自家製。たっぷりのこしあんにバターの風味が利いた『バター入りあんぱん』も好評

二丈深江の丘の上にぽつんと佇む小さな水色のカフェ。この店を訪れるために上る道はなんだかワクワクする。店内には店主・黒崎朗宏さんが集めたアイテムがインテリアとして使われている。懐かしいフォルムの石油ストーブ、ダイヤル式のブラウン管テレビ、ジャケットが可愛いレコードに、お母さんが台所で使っていたようなミキサー。レトロな雰囲気のアイテムに囲まれていると、初めて訪れた人でも昔からここを知っていたような気持ちになるから不思議だ。人気メニューはカレーライス。一口食べるとまずは甘みがふわりと広がり、そこに辛さが追い付いてくる感覚が楽しい。スパイスと野菜の甘み、肉のうま味が一体となり、最後の一口まで〝幸せ〟が続く。

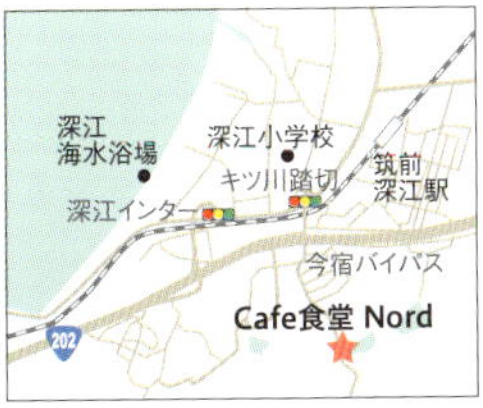

住 糸島市二丈深江2575-6
電 092-325-2790
営 11:00～17:00
※カフェメニューは14:00～
休 金曜日
席 14席　※全席禁煙
払 カードNG
駐 5台
交 JR筑前深江駅より車で約5分

おすすめ MENU

- パン詰めグラタン（コーヒー付）　1,100円
- 豚軟骨のカレー（サラダ付）　1,000円
- 焼きカレー（サラダ付）　1,100円
- その日のシフォンケーキ（アイス添え・コーヒー付）750円

海外リゾートにショートトリップしたかのよう

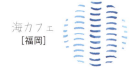

プールサイド席がステキ!

THE LUIGANS Spa&Resort The lounge on the water

ザ・ルイガンズ.スパ&リゾート　ザ・ラウンジ オン ザ ウォーター

❶ジューシーなパテを味わう『バラガンバーガー』1,500円　❷『ボロネーゼ スパゲッティーニ』1,000円。ミートソースとチーズが細いパスタ麺に良く絡む

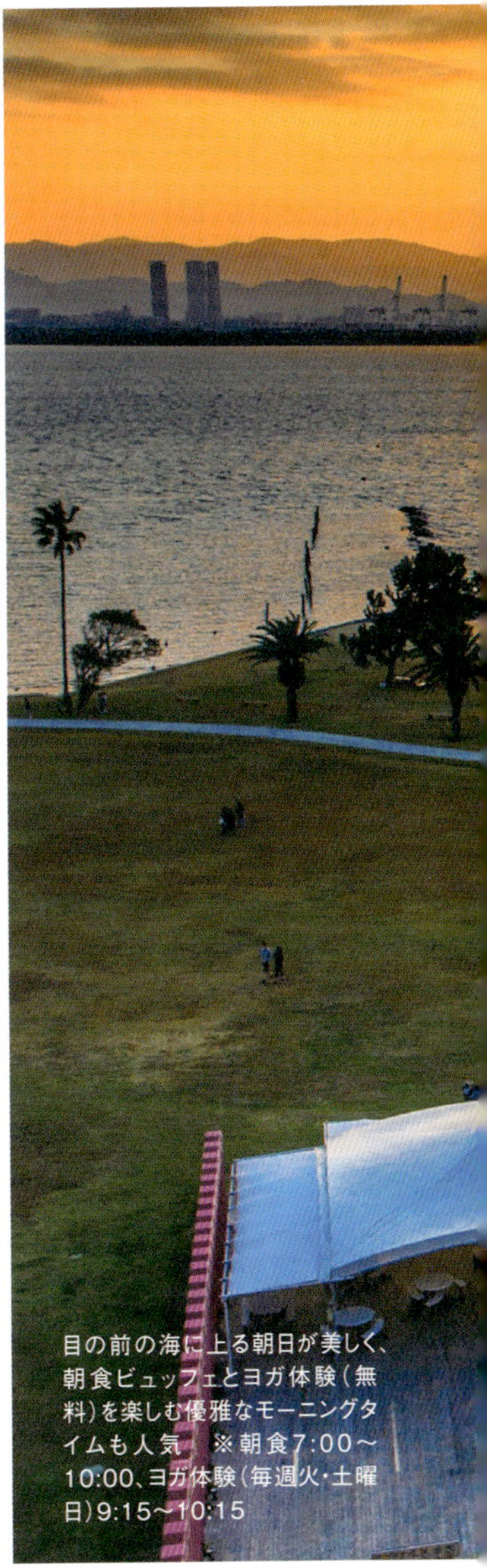

目の前の海に上る朝日が美しく、朝食ビュッフェとヨガ体験（無料）を楽しむ優雅なモーニングタイムも人気　※朝食7:00～10:00、ヨガ体験（毎週火・土曜日）9:15～10:15

紺碧の海を見渡す広大な芝生。ヤシの木に囲まれたおしゃれなプール。そんな海外リゾート感満載の雰囲気を味わいたいのなら、海の中道海浜公園の敷地内に構えるこちらのホテルへ。カフェ利用可能なラウンジがあり、タルトやティラミスといったホテルパティシエ自慢のカフェメニューを豊富に揃える。なかでも特に人気なのが、厳選したリコッタチーズが香るパンケーキ。生地そのもののおいしさを約1年かけ追求し、香ばしく、それでいてふんわりと上品な口どけに仕上げた。また、志賀島に有する畑では野菜やフルーツなど約100種類もの作物を栽培。これらをふんだんに使ったサラダやピザ、パスタなどの食事メニューを一緒に楽しむのもおすすめだ。

カウンター、テーブル、ソファ席と、おひとり様から子ども連れまで用途に応じて使い分けることができる

店内は105席と広々としている。光と影を取り入れた切り絵のようなモダンなデザインが美しい

❶『トロピカルリゾートティー』(600円)や『プレミアムグレープフルーツ』(550円)などのドリンクも、リゾート感を演出してくれる ※写真はイメージ ❷オーダーを受けてから焼き上げる『パンケーキ』1,200円 ❸雄大な景観は、日本で唯一の国営公園内にあるホテルならでは。近隣にはマリンワールドや志賀島があり、ドライブコースの一つとして訪れる人も多い ❹揺らめく水面がそばにあるプールサイド席は特に人気。奥には博多湾も

住 福岡市東区西戸崎18-25
電 092-603-2525
営 11:00～21:00
(カフェメニューは17:00まで)
休 不定休
席 105席 ※全席禁煙
払 カードOK
駐 100台
交 JR香椎線海ノ中道駅より徒歩6分
※2019年4月末まで、改装のため休館

おすすめ MENU

- ルイガンズパンケーキ 1,200円
- センチュリーチーズケーキ 700円
- ペンティングデザート 1,500円
- ピッツァ マルゲリータ 1,500円
- カニとハラペーニョのメキシカンパスタ 1,300円

海カフェ
［宗像］

水平線に沈みゆく夕日を慈しんで

HÔTEL GRÈGES La Galerie

オテル グレージュ ラ・ギャルリー

テラス席は
ドリンクのみOK！

ここからは、息を飲むほど美しい夕日を見ることができるという。〝大人の癒し〟をコンセプトに掲げる「オテルグレージュ」。西に玄界灘を望み、客室やレストランも全てオーシャンビューという、とっておきの景色が自慢のホテルだ。もちろんカフェも全ての席から海を眺めることができ、グレーを基調としたシックな雰囲気とあわせ、特別な時間を演出している。メインメニューはスイーツで、人気の『アフタヌーンティーセット』（要予約）には、季節のフルーツをふんだんに盛り込んだケーキをはじめ、生地から全て手作りしたワッフルなどもセットに。一つひとつの味わいをじっくり楽しんでいると、気が付けば優しい茜色の空が出迎えてくれる。

4

2

1

5

3

❶有機コーヒーはフレンチプレスまたはペーパードリップで味の違いを楽しめる ❷「本日のケーキ」とドリンクが付いた『ケーキセット』1,300円 ❸一直線にのびる水平線に夕日が沈み、変わりゆく空の色をゆったりと楽しめる ❹『アフタヌーンティーセット』2,500円（2名より要予約、価格は1名分）。季節のケーキやプチタルト、キッシュなどが付く ❺建物は世界的に活躍するフランス人デザイナー、カトリーヌ・メミが日本で初めてプロデュース

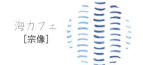

オープンテラス席はプールサイドに設けられており、奥には玄界灘を望む。自然との調和を大切にしつつ、地中海のリゾートホテルを思わせるラグジュアリーな雰囲気

住 宗像市神湊600 オテルグレージュGF
電 0940-38-7700（代表）
営 11:00〜sunset（OS）
休 火曜日（祝日を除く）
席 28席 ※全席禁煙、テラス席はドリンクのみ対応
払 カードOK
駐 60台
交 九州自動車道古賀ICより車で約30分
※入店は中学生以上〜

おすすめ MENU

- シフォンケーキセット　1,300円
- リエージェ風
  ベルギーワッフルセット　1,500円
- パリ風サンドウィッチ（数量限定）
  1,000円
- 有機コーヒー　750円
- 有機オレンジジュース　750円

海沿いをシンプルに楽しむ時間

海カフェ
[糸島]

"ここちよい暮らし"
を提案する

bbb haus

スリービーハウス

雑貨店やインテリアショップを多数手掛ける「株式会社ウィークス」がプロデュースするゲストハウス。「いつもの場所から離れてみる　いつもの自分から離れてみる」をコンセプトに、70年代に建てられた保養施設を改装し、周囲の環境と溶け込むようにデザインした。

オープン前には、スタッフ全員で糸島の四季の移ろいを肌で感じながら時間をかけて構想を練ったそう。そうしてゆったりと休める場所とおいしい食事を提供するというシンプルな空間作りにたどり着いた。カフェとショップは宿泊客以外の利用が可能。料理には糸島を中心とした九州の食材を使用し、直接農家に出向いてコミュニケーションを取りながら生まれたメニューもある。

6

3

1

7

4

2

5

❶『糸島野菜のサラダ』756円　❷『チーズケーキ』540円、ドリンクセット864円〜
❸ショップではオリジナルグッズや国内外からセレクトした雑貨などを販売している
❹優しい陽光が注ぎ込むティールーム
❺ゲストハウスの宿泊は1泊夕朝食付き21,600円〜。どの部屋からも海が臨める
❻すぐ目の前には玄界灘が広がっている
❼『ランチコース』2,700円(11:30〜13:30OS)もおすすめ

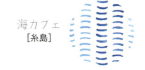

海を臨むカウンター席。ただ海だけを眺めてのんびりと自分だけの時間を過ごすのもいい。いつもとは時間の流れ方が違って感じられるかも

住 糸島市志摩小金丸1897
電 092-327-8020
営 11:00～18:00
休 月曜日、火曜日(季節によって変動あり)
席 店内21席、テラス18席　※全席禁煙
払 カードOK
駐 50台
交 西九州自動車道前原ICより車で約15分

おすすめ MENU

- bbb haus ハンドドリップコーヒー　540円
- ロンネフェルト紅茶　540円
- 自家製ジンジャーエール　648円
- 季節のデザート　540円～

古民家を改築したのんびり空間

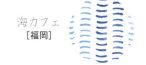

唄のごちそうも
楽しめます

Cafe & bar Brisa do

カフェアンドバー　ブリーザ・ド

「Brisa　do」とはポルトガル語で「～のそよ風」。緑あふれる店内は、夏になると　その名の通り心地よい"風の通り道"となる。時間がゆっくりと流れる場所

❶オーナーである鮫島さんはアーティストで、店内ではCDや絵本も販売されている ❷店の隣にはオープンスペースもある。春や秋などの晴れた日にはこちらでのティータイムもおすすめ ❸大分・日田などの野菜を取り寄せて作るサラダは人気のメニュー ❹ブラジルのお酒（カシャーサ）でフランベした熱々の焼きバナナにたっぷりのアイスをのせた人気のスイーツ ❺港に隣接する「かもめ公園」や大型船を建造する造船所が近くにあるので、散策してみよう ❻オーナーの鮫島さんによる“ふるまい唄”でのおもてなしも楽しみのひとつ

造船所が見える博多港の北側にあるこちらは築60年ほどの古民家をリノベーションしたカフェ。オーナーの鮫島直美さんはボサノヴァミュージシャンとしても活動をおこなっている。「お店でも1カ月に1度程度のペースでミュージシャンをゲストにお呼びしてライブを開催しています」。カフェとしての営業は昼から夕方まで（夜は予約制、少人数の貸切も可）。「提供している料理は〝身体が喜ぶ料理〟。近隣の農家から無農薬や減農薬の野菜を取り寄せて作るサラダやピザなどが好評です」。サラダに使うドレッシングも手造りでベースとなる野菜を定期的に変えているという。手が空いた時には鮫島さんが生唄を披露してくれることも。日常を離れた特別な時間を感じよう。

おすすめ MENU

- 蓮根と厚切ベーコンのピザ　1,200円
- 手作りドレッシングの
  もりもりサラダ　1,200円
- 焼きバナナのアイスクリームのせ
  1,200円 ／ハーフ　780円
- 季節のガトー　700円／ミニ　400円

住 福岡市中央区港3-2-1
電 080-4281-4762
営 11:30～18:00
※予約すれば夜もオープン
休 火曜日、第1月曜日（但し、月曜が祝日の場合はオープン）
席 17席　※分煙あり
払 カードNG
駐 3台
交 地下鉄大濠公園駅より徒歩13分

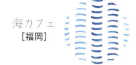

ビーチのテラスで過ごす、素敵な休日

ワンちゃんと一緒に
入店できる席も!

THE BEACH
ザ・ビーチ

福岡タワーのそば、白い砂浜と青い海を眼前に望むマリゾン内にあるこちらは、昼はランチとカフェメニュー、夜はバーとしても利用できる。波の音をBGMに水平線を眺めていると、福岡にいることを忘れてしまいそうな気分になる。絶好のロケーションを前にテラス席で味わうことができるバーベキューも魅力的。ロースターや炭はもちろん、食材まで用意されているので、予約を入れるだけで手ぶらで浜辺のバーベキューが楽しめる。冬には近海で育ったカキ焼も登場。家族連れや友人たちと気軽に出かけたい。もちろん、バーベキューとともに楽しみたいアルコールメニューも豊富だ。結婚式の二次会での貸し切りやライブの会場としても利用できる。

❶青空のもと、潮風を頬に感じながらのんびり過ごすなら屋外のテラス席がおすすめ ❷ビールやワインを片手に海を見ながらバーベキューは最高。冬場はカキ焼も楽しめる ❸『ピザマルゲリータ』1,000円。ほかにもパスタ類やタコライス1,100円など食事メニューも充実 ❹店内からも海が見える開放的な空間が魅力。

目の前は海が広がる砂浜。ワンちゃん連れでも利用できる席も用意されているのも嬉しい

住 福岡市早良区百道浜2-902-1
マリゾン内

電 092-845-6636

営 11:30 ～ 22:00(OS21:00)

休 4月～9月／無休
10月～3月／毎週水曜日、年末年始

席 約100席 ※分煙あり

払 カードOK

駐 85台(マリゾン有料駐車場)

交 西鉄バス福岡タワー南口バス停より
徒歩3分

おすすめ MENU

- カフェラテ　600円
- ミルクセーキフラペチーノ　700円
- グラスワイン（白・赤）　500円
- バーベキュー　スタンダードコース
4,400円（120分飲み放題付／1名料金）
※2日前までに要予約 ※中高生3,900円、小学生2,200円、幼児は無料

まるで名画のような景色

海カフェ
[福岡]

海と音楽、
そしてサンセット

Beach Cafe SUNSET

ビーチカフェ サンセット

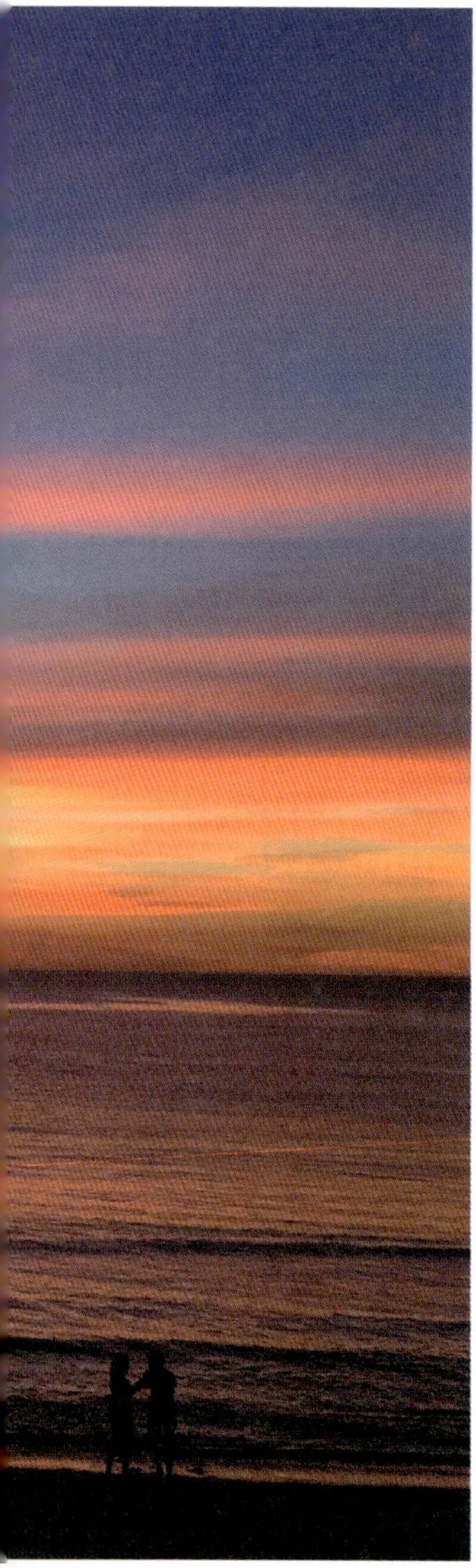

まるで壮大な映画のクライマックスシーンを観ているかのような感動的な景色にため息がこぼれる。このカフェがオープンしたのは1990年。当時は糸島周辺も今ほど注目を集めていたわけではなく、まさに先駆けのような存在だった。福岡市街から気軽に足を運べるリゾート地として多くの人が訪れ、いくつものカフェが生まれる中で、この店は指針のような存在であり続けた。店の前の大きなヤシの木も歴史を重ね、風景の一つにしっかりと溶け込んでいる。夕暮れの景色は大きな魅力だが、スタッフの〝ここで過ごす時間を楽しんでほしい〟という想いが笑顔や接客、丁寧に作られる料理からも感じられ、帰る頃には次の来訪の予定を立てている人も多いという。

目印は大きなヤシの木。南国リゾートの空気を感じさせる

①一番人気の『SUNSETオリジナルロコモコ』は揚げたてのオニオンリングと厚みのあるハンバーグ、「天上卵」の温玉が乗ってボリューム満点
②小さな東屋のあるフォトジェニックな風景

目の前に広がる二見ヶ浦の海に夕日が沈み、辺りが優しい茜色に染まっていく

南国の木々に囲まれたテラス席は人気が高いが、多少待ってでも座りたいというリピーター多し

❶目の前の海にはサーフィンを楽しむ人たちの姿も見える　❷店内は木のぬくもりを感じる落ち着いた雰囲気　❸糸島のフルーツを使ったスイーツも忘れずに味わいたい。季節ごとに登場する旬のパフェに注目　❹自家製レモンシロップを使ったドリンクには、レモンの太陽を浮かべて　❺糸島の夏の風物詩となった「サンセットライブ」を主催。海と音楽が一体となった手作りの野外イベントは、現在もカフェスタッフたちが中心となり運営している

住 福岡市西区西浦284
電 092-809-2937
営 11:00～21:00(OS20:00)
休 木曜日、第3水曜日
席 102席　※テラスのみ喫煙可
払 カードOK
駐 17台
交 西九州自動車道今宿ICより車で約20分

おすすめ MENU

- SUNSET オリジナルロコモコ　1,382円
- 糸島産カキと野菜のグラタン　1,490円
- ミックスベリー&シナモンのパフェ　918円
- 自家製レモンスカッシュ　648円
- ライオンコーヒー　594円

海カフェ
［北九州］

港の景色がすぐ目の前に

キッサネコノジ

キッサネコノジ

大きな窓から見えるのは、洞海湾や皿倉山、若戸大橋といった北九州を代表する風景。窓枠を額縁に見立てると、その向こうに広がる景色はまるで絵のようだ。自家製ハーブバターを使ったサンドイッチや見た目にも楽しいカラフルなドリンクなど、こだわりの一品を選んだら、あとはのどかな雰囲気に身を委ねよう。目の前には穏やかな港が広がり、時計のない店内やゆったりとした座席配置とあいまって、初めて訪れた人でも時間を忘れてついつい長居してしまうという。キッサネコノジが入っている2階建ての建物は「ねこのじｔｅｒａｓｕ」と呼ばれ、雑貨店など3店舗がシェアハウスとして利用。建物全体を巡り、お気に入りの場所やモノを探すのも良いかもしれない。

❶『ベリージンジャーエール』550円。ブルーベリーやストロベリーの果実がアクセントに　❷店内には雑誌や小説などが置かれ、のんびりと読書を楽しむ人も　❸『オリジナルサンドイッチ』650円。オリジナルのハーブバターが香る野菜たっぷりのサンドイッチ　❹鮮やかな色合いが楽しい『アオイロソーダフロート』600円

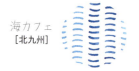

窓に面し、日差しも心地よいカウンター席。同じ建物内では「手しごと雑貨ニコ屋」「Tsumugi＋」「写真と雑貨のお店虹のいろいろ」の3店舗が営業している

住 北九州市若松区本町1-11-14
電 080-1771-7670
営 11:00〜17:30（OS17:00）
休 日曜日
席 10席　※全席禁煙
払 カードNG
駐 5台
交 若戸渡船若松側より徒歩1分

おすすめ MENU

- ウインナーコーヒー　600円
- コーヒーフロート　600円
- 紅茶ベリーベリー　600円
- ハニーバタートースト　500円
- メープルバニラトースト　600円

海カフェ
[糸島]

糸島モーニングの代名詞

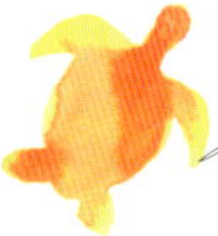

Bakery Restaurant CURRENT

ベーカリーレストラン カレント

「ビーチカフェ サンセット」の姉妹店としてオープンしたのが2007年。また違った魅力にリピーターも多く訪れる。海外のリゾート地にあるカフェのような雰囲気の外観。店に入るとふわりとパンの焼き上がる芳ばしい香りが漂う。この店を訪れるなら、ぜひ早起きをしてモーニングを味わおう。焼き立てのパンは言わずもがな、獲れたて野菜のサラダ、「志摩スモークハウス」のベーコン、「てつやとのりこのたまご」を使った卵料理…。華美でないのに目にも鮮やかな料理がプレートいっぱいに盛り込まれ、体の中から元気になる。素材の美味しさを引き出し、卵一つベーコン一枚が主役になる朝食。天気が良ければテラス席で青い海を眺めながら楽しみたい。

2

1

4

3

❶パンにコーヒー、それだけでもう幸せな朝を約束してくれる　❷小さな子ども連れからご年配の夫婦まで、みんなが笑顔になれる空間　❸パンはテイクアウト可能。天然酵母の食パンや糸島の野菜たっぷりのおかずパンまで種類も豊富　❹海外のリゾート地を思わせる可愛らしい外観に気分も盛り上がる

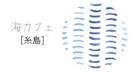

見晴らしのいいテラス席からは海を一望できる。波の音を聞きながら、焼き立てパンに舌鼓

住 糸島市志摩野北2290
電 092-330-5789
営 8:00～19:00（OS18:00）
※モーニングはOS10:00
休 水曜日・第1火曜日
席 84席　※テラスのみ喫煙可
払 カードOK
駐 26台
交 西九州自動車道前原ICより車で約20分

おすすめ MENU

- カレントモーニング
  （3種のパン・スープ・ドリンク付）　980円
- カレントランチセット　1,980円～
- 自家製ケーキ
  ＆ジェラート添え　300円～
- バナナジュース　680円
- オリジナルエスプレッソ　350円

海岸線を眺めてリゾート気分

海カフェ
［福津］

昼も夜も
おすすめ

BEACH CAFE & STAY BOCCO VILLA

ビーチカフェ アンド ステイ ボッコヴィラ

２０１８年、福津の人気海沿いカフェ「ＣＡＦＥ ＤＥ ＢＯＣＣＯ」の隣にオープンした２号店。隣り合わせではあるが、アジアンリゾートのような解放感がある広い店内と海岸線を見渡すことができるテラス席は、１号店とはガラリと雰囲気が異なり、隣からはしごして訪れる客も多い。夏は全面ガラス張りの扉をフルオープン。潮騒や程よい喧噪が心地よく、ほとんどの客が長居してしまうという。ランチに訪れたのに、気が付けばいつの間にか日が傾いてしまっているなんてことも。メニューにはイタリアンシェフが作る自家製ローストビーフや専属パティシエが手掛けるスイーツなどが並び、その時季だけの限定メニューも豊富だ。景色だけでなく食事もゆっくりと楽しみたい。

2

1

5

3

4

❶広々としたテラスは夕日を眺める特等席！ ❷フルオープンの壁が解放感たっぷり ❸ツナとコーンが入った『キャベツとアンチョビのチーズピザ』1,180円 ❹目の前の福間海岸はマリンスポーツが盛んなことで知られる ❺『ローストビーフボウルランチ』2,200円、単品1,480円。前菜7種とデザート3種、ドリンクが付く

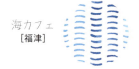

刻一刻と表情を変える日没の海は格別。夏には花火大会を最高のロケーションで楽しむことができる

住 福津市西福間4-15-37
電 0940-34-3050
営 11:30～20:00（夏季は21:00まで）
休 月曜日（祝日の場合は営業）
席 店内40席、テラス40席
※テラスのみ喫煙OK
払 カードOK
駐 14台
交 JR福間駅より車で10分、2.6km

おすすめ MENU

- ハンバーガー（サラダ・スープ付） 1,380円
- ローストビーフ 1,580円
- とれたて！ 福津野菜のバーニャカウダ 980円
- ベリーベリーパンケーキ 980円

ハワイ気分で海風を楽しむ

海カフェ
［福岡］

Hona Cafe Itoshima Beach Resort

ホナカフェ イトシマ ビーチリゾート

今泉の人気店が
糸島にも

カフェに一歩足を踏み入れると、非日常の空気に包まれる。ゆったりと流れるBGM、テラス席で感じる潮風。そしてふわふわの生地に生クリームを高く乗せたパンケーキ、糸島産卵の目玉焼きが乗ったロコモコとくれば、ここはもうハワイ以外の何物でもない。

著名人のファンも多い今泉の人気店がここ糸島に姉妹店を展開。メニューの数々は変わらず人気だが、そこに絶好のロケーションが加わって、唯一無二のカフェとなっている。天気のいい日はぜひテラス席へ。テラスは広々とつくられており、リゾート感をさらに盛り上げてくれる。店内の席もガラス張りでオーシャンビューというこだわりよう。ここで過ごす時間そのものがとても贅沢に感じられる。

テラス席はもちろん店内からも夕焼けに染まる夫婦岩を眺めることができる

❶二見ヶ浦海岸沿いの絶好のロケーションが魅力　❷フロア内のインテリアもやっぱりハワイアン

目の前には夫婦岩。リゾート感満点のテラス席は、ペット同伴も可能

話題のシカゴピザが登場。キッシュのような厚めの生地にモッツァレラチーズがたっぷり。カットすればとろりと溶ける。蜂蜜をかけてもGOOD！

❶二見ヶ浦のビーチの散歩を楽しんだ後に立ち寄る人も多い　❷白を基調にした爽やかな雰囲気の店内。テーブル間のスペースが広く車椅子での来店もスムーズ　❸周囲が茜色に染まる夕暮れ時の美しさに、おしゃべりも忘れてしまいそう　❺味わっておきたい『リコッタチーズのパンケーキ』は生クリームたっぷり　❺薫り高いコーヒーからスムージー、ビールまでドリンクメニューも豊富

住 福岡市西区小田2200-1
電 092-809-2633
営 11:00～19:30(OS19:00)
※平日は料理OS18:30、ドリンクOS19:00
休 不定休(冬季は火曜日定休)
席 72席　※店内禁煙、テラス席のみ喫煙可
払 カードNG
駐 10台
交 JR今宿駅より車で約20分

おすすめ MENU

- シカゴピザ　2,000円
- ハワイアンロコモコ　1,200円
- リコッタチーズパンケーキ　1,200円
- ホットコーヒー　500円
- グリーンスムージー（数量限定）　800円

海カフェ
［福岡］

ハワイアンなメニューを気軽に

どこを撮っても
フォトジェニック

SURF SIDE CAFE

サーフサイド カフェ

鮮魚が味わえる和食店や地産地消をテーマにしたレストランなどが並ぶリゾートモール「パームビーチ ザ ガーデンズ」の一角にあるカフェ。外観や店内は白を基調とした明るい雰囲気に統一され、気軽に訪れることができる。店内に入ると大きく作られた窓一面に広がる青い海。白波が美しく、しばし時を忘れてしまいそう。自家製のパテとバンズを使ったボリュームたっぷりの『二見バーガー』やビールとの相性も抜群の『ガーリックシュリンプ』を中心に、ハワイアンなメニューが揃う。目の前がビーチなので、海で遊んで休憩に立ち寄ることもできるのが嬉しい。時間帯によって変化していく海と空の色を眺めながらのんびりと休日を過ごすには最適なスポット。

❶真っ白に統一された可愛らしい外観 ❷人気メニューは『ガーリックシュリンプ』。ぷりぷりのエビとガーリックの香りは大人も子どもも大好きな味 ❸最高の乾杯のためにハンドルキーパーを確保したい ❹サーフボードなど店内のインテリアにも注目 ❺目の前に広がる白砂のビーチ。抜ける海風が心地いい

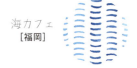

人気のカウンター席。座ってぼんやりとしているだけで幸せな休日となる。ハンバーガーなどはテイクアウト可能なのでビーチで味わうのもGOOD

住 福岡市西区西浦285-B
電 092-809-1507
営 11:00〜日没まで(OS)
※土日祝は10:00〜
休 不定休
席 60席　※全席禁煙(喫煙所有り)
払 カードNG
駐 120台(共同駐車場)
交 西九州自動車道今宿ICより車で約20分

おすすめ MENU

- 二見バーガー　980円
- ガーリック
  シュリンププレート　1,050円
- ハニートースト　900円
- コーヒー　400円
- ビール　700円

鳥の目線で海を望んで

おしゃれな店内にも
注目してみてね

Tea Room ピース堂《ティールーム　ピースドウ》

窓側の席とテラス席は特に人気。
関門海峡を行き交う船や空で遊ぶ
鳥たちを眺めながらのんびりと至福
の時間を過ごしたい

❶『スコーン』540円。温かい状態で提供され、外はサクサク、中はふんわり　❷『紅茶（ポットサービス）』590円　❸『ケーキ2種盛り』700円　❹コンクリート造りの外観は近代的な印象　❺温かみのある木の家具を中心に絵画や本などが店の雰囲気に溶け込んでいる

北九州・小倉の市街地から高台の静かな住宅地へ。突如現れたモダンな建物の扉を開けると、ガラス一面に広がる景色にみな感嘆の声を上げるという。北九州の街並みに木々の緑、そして溶け合いそうな空と海のブルー。「手作りのお菓子を自分が一番好きな場所で出したい」という店主の心を射止めた理由が、ここに来ればきっと分かるだろう。

関門海峡から遠くは本州までを望むことができ、心地よい風を感じるテラス席も人気。景色を楽しむため遠方から通う常連も多く、ドライブの休憩や食後のティータイムなど、ほっと一息ついてくつろぎたいという願いにも応えてくれるのだ。また、店内に目を向けると絵画やオブジェがセンス良く飾られているのも良い。

住 北九州市小倉北区富野台6-12
電 093-541-7361
営 10:00～18:00
休 水曜日、第2・第4木曜日
席 16席（テラス席含）※喫煙可
払 カードNG
駐 8台
交 JR小倉駅より車で15分、または西鉄バス神幸町バス停より徒歩20分

おすすめ MENU

- コーヒー　590円
- スコーン　540円
- 厚切りバタートースト　430円

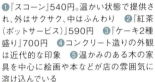

海の青さが映えるカフェでリゾート気分

海カフェ
[福岡]

どの席に座っても
フォトジェニック

Sunflower

サンフラワー

海沿いでランチをするならここで、と決めている常連も多い人気カフェ。オーストラリアやパラオ、ハワイなど、オーナーの佐伯さんが世界中を旅して目にした美しいリゾート地の要素を取り入れ、海外のビーチリゾートのような雰囲気を作りだした。「景色の美しさや店の雰囲気はもちろんですが、糸島にわざわざ足を運んでくださったお客様には、糸島ならではの食事を味わって欲しいと考えています」と語る通り、どの料理にも糸島野菜や獲れたての魚介、糸島ポークなど糸島の食材をたっぷりと使用し彩り鮮やか。どれも食材の組み合わせやオリジナルソースで個性豊かに仕上げている。スムージーやフレンチソーダなど豊富なドリンクメニューも楽しみたい。

ヨーロッパリゾートのような瀟洒な雰囲気の白い建物

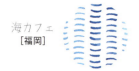

❶ガラス貼りの仕切りは店内が見渡せ、かつプライベートな空間を実現
❷店内では植物にも注目

陽光がたっぷりと入る大きな窓があり、窓のすぐそばの席はもちろん、店内の全て席から海を眺めることができる

海と空の青は窓越しに
見ても美しい

晴れた日にはテラス席も
おすすめ。食後は海沿い
を散歩してもいいかも

❶『糸島豚ロースのカットステーキ塩麹グリル』1,580円。色鮮やかな盛り付けも美しい　❷ショーケースには手作りスイーツがずらり。テイクアウト可能　❸日差しが心地よいソファ席は女子会などにぴったり　❹天井が高く開放的な雰囲気　❺センスの良い小物が飾られ、気に入ったものは購入することも可能

住 福岡市西区今津4420-1
電 092-834-8769
営 11:30〜22:00
休 木曜日
席 店内33席、テラス22席　※分煙あり
払 カードNG
駐 30台
交 JR今宿駅より車で20分、昭和バス大原西バス停より徒歩3分

おすすめ MENU

- 新鮮魚貝の ブイヤベーススパゲッティ　1,380円
- 黒毛和牛と 糸島茄子のボロネーゼ　1,380円
- 自家製パンチェッタの Pizza Bianca　1,280円
- キャラメリゼバナナとキャラメル ナッツソースのパンケーキ　1,280円

糸島の洋食を海に浮かぶように楽しむ

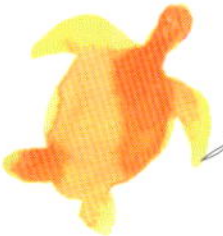

波の音が
すぐ間近に

PUKA PUKA KITCHEN

プカプカ キッチン

大きなイルカの看板が目印のカフェレストラン。店内の至るところに飾られているイルカグッズの多くは、常連客が持ち寄ったものだという。「糸島エリアは人と人との距離が近いことが魅力です。地元の方も遠方から来られた方も、どなたでも安心して過ごしていただけるよう、暖かみのあるアットホームな雰囲気を目指して料理を作っています」とオーナーシェフの長島さん。糸島野菜など地元の食材を中心に仕入れ、じっくりと煮込んだ2種のカレーやオリジナルスパイスに3日間漬け込んだチキンなどの洋食をはじめ、旬の料理も数多く並ぶ。テラス席はペットも利用可能で、家族連れや女子会、男性の一人客など幅広い人が思い思いの時間を過ごしている。

❶オープン時から人気の『オムレツライス』1,100円。切れ目をいれてオムレツ部分をとろりと広げてデミグラスソースをかけて食べよう ❷手作りの焼き菓子を購入することもできる ❸クジラのオブジェ ❹敷地内にはロードバイクスタンドも用意されている ❺温かい雰囲気の店内。大きな窓からの景色がどの席でも楽しめる

冬は暖炉が暖かく、夏は潮風が心地よいテラス席。満月の夜は海に移る月の姿が光の道のようになる

住 福岡市西区今津4754-1
電 092-834-5292
営 11:30～22:00
月曜日は18:00まで（OS17:00）
休 火曜日
席 店内24席、テラス20席　※分煙あり
払 カードNG
駐 20台
交 昭和バス大原西バス停よりすぐ

おすすめ MENU

- 糸島野菜のサラダ　680円
- 糸島豚の
  自家製ソーセージ　540円
- 本日のアヒージョ
  ～バゲット付～　1,250円
- ニューヨークチーズケーキ　480円
- オリジナルハーブティー　500円

旅人を優しく迎える場所

海カフェ
［門司］

門司港 旅カフェ BRASS MOJIKO

モジコウ タビカフェ　ブラスモジコウ

ビルの3階に位置するため眺望は抜群。空が表情を変えていくサンセットタイムは絵のような美しさだ

❶ナッツの食感が楽しい『とろけるフォンダンショコラ』1,000円 ❷アクセサリーなど販売している雑貨も ❸海と反対側の席からはJR門司港駅の駅舎が見える（2019年3月復原完成予定） ❹『元祖 港町のテールハヤシ』1,200円。1日7食限定 ❺上野さんは旅先で撮った写真を集めたフォトブック『ヨーロッパの路地・散歩道』なども刊行している ❻門司港桟橋（マリンゲートもじ）や関門海峡を望める

店主の上野美千代さんは旅を愛し、世界を旅する旅人。門司港を訪れた旅人たちがゆっくりと寛げるような場所を作りたいと、カフェをオープンした。店内にはヨーロッパやアメリカのヴィンテージ品を中心に上野さんが仕入れた各国の雑貨が並び、BGMも旅先で手に入れたCDからその地ならではの民族音楽をセレクトするなど、ムード満点。そんな雰囲気をさらに引き立てるのが、窓の外に広がる雄大な関門海峡だ。海側の席からは大きな船が行き交う様子や対岸の下関をきれいに見渡すことができ、旅の情緒を高めてくれる。また、海と反対側の席からは大正時代の姿に甦ったJR門司港駅の駅舎が間近に見え、ノスタルジックな景観にも出会うことができる。

住 北九州市門司区西海岸1-4-7
門司港センタービル302
電 090-3196-5232
営 14:00〜19:00
休 月曜日、火曜日（祝日の場合は営業）
席 16席 ※喫煙OK
払 カードNG
駐 なし
交 JR門司港駅より徒歩1分

おすすめ MENU

- モンサン・ショコラバナーヌ 1,000円
- 季節のスペシャルワッフル 1,200円
- 特製 マンゴー果汁蜜ラッシー 800円
- ハニーメープルジンジャーチャイ 700円
- 氷いちごミルクドリンク 900円

※ドリンクセット +200円

写真家たちが集う海沿いカフェ

海カフェ
［福岡］

スタッフの写真も
プロ並みの腕前

海凛房

カイリンボウ

「糸島富士」とも呼ばれる可也山をバックにした夕景が特に美しい。刻一刻と表情を変える景色は何度見ても飽きない

❶自家焙煎した『コーヒー』630円。豆はオーガニックにこだわっている　❷毎朝焼き上げる自家製天然酵母パン❸ピアノは希望があれば演奏も可能　❹店内からは南と西の海を眺めることができる　❺ギャラリーに飾られた写真を目的に来る客も多い

夏は潮干狩り客でにぎわい、冬にはクロツラヘラサギが飛来する今津海岸。カフェ「海凛房」は写真専門ギャラリーとしてオープンした。食事やスイーツはなるべくオーガニックの食材を使い無添加。時季によっては自家農園で栽培した無農薬野菜もふんだんに使用する。

美しい写真が多数飾られている壁の展示スペースは月単位で貸し出しており、予約で暗室の使用も可能だ。プロカメラマンを講師とした写真教室を行っていたこともあり、写真を趣味とするスタッフが撮影した写真を飾っていることも。BGMはレコードの心地よい音が響き、ジャズを中心とした約130枚のコレクションから好きなものを選んでかけてもらうこともできる。

おすすめ MENU

- 天然酵母パンの ピザトースト　250円
- 手作りケーキ　各420円
- コーヒーゼリー　250円
- 卵黄だけのプリン　250円
- モーニングセット　700円

住 福岡市西区今津8-3
電 092-401-0237
営 12:00～18:00、土日祝のみ7:00～11:00のモーニング営業あり
休 火曜日、年末年始
席 店内13席、テラス8席 ※テラス席のみ喫煙可
払 カードNG
駐 5台
交 福岡前原道路今宿ICより約16.5km

ふくおか
すてきな旅CAFE ………………… index

海と、森と、里山のカフェ案内

月刊はかた編集室　著

取材・撮影・本文
上田 瑞穂
屋成 雄一郎
諸江 美佳
用貝 美咲
前原 礼奈

デザイン
中川内 さおり

ふくおか　すてきな旅CAFE　海と、森と、里山のカフェ案内

2019年 3月15日　第1版・第1刷発行

著　者　月刊はかた編集室（げっかんはかたへんしゅうしつ）
発行者　メイツ出版株式会社
代表者　三渡 治
〒102-0093 東京都千代田区平河町一丁目1-8
TEL：03-5276-3050（編集・営業）
03-5276-3052（注文専用）
FAX：03-5276-3105
印　刷　株式会社厚徳社

ご意見・ご感想はホームページから承っております。

メイツ出版ホームページアドレス http://www.mates-publishing.co.jp/

編集長：折居かおる　副編集長：堀明研斗　企画担当：折居かおる